中华复兴之光
神奇建筑之美

古城建筑标志

胡元斌 主编

汕頭大學出版社

图书在版编目（CIP）数据

古城建筑标志 / 胡元斌主编. -- 汕头 ：汕头大学
出版社，2017.1（2023.8重印）
（神奇建筑之美）
ISBN 978-7-5658-2895-9

Ⅰ．①古… Ⅱ．①胡… Ⅲ．①古建筑－介绍－中国
Ⅳ．①K928.71

中国版本图书馆CIP数据核字(2016)第325478号

古城建筑标志　　　　　　　GUCHENGJIANZHUBIAOZHI

主　　编：胡元斌
责任编辑：宋倩倩
责任技编：黄东生
封面设计：大华文苑
出版发行：汕头大学出版社
　　　　　广东省汕头市大学路243号汕头大学校园内　邮政编码：515063
电　　话：0754-82904613
印　　刷：三河市嵩川印刷有限公司
开　　本：690mm×960mm　1/16
印　　张：8
字　　数：98千字
版　　次：2017年1月第1版
印　　次：2023年8月第4次印刷
定　　价：39.80元
ISBN 978-7-5658-2895-9

前　言

　　党的十八大报告指出："把生态文明建设放在突出地位，融入经济建设、政治建设、文化建设、社会建设各方面和全过程，努力建设美丽中国，实现中华民族永续发展。"

　　可见，美丽中国，是环境之美、时代之美、生活之美、社会之美、百姓之美的总和。生态文明与美丽中国紧密相连，建设美丽中国，其核心就是要按照生态文明要求，通过生态、经济、政治、文化以及社会建设，实现生态良好、经济繁荣、政治和谐以及人民幸福。

　　悠久的中华文明历史，从来就蕴含着深刻的发展智慧，其中一个重要特征就是强调人与自然的和谐统一，就是把我们人类看作自然世界的和谐组成部分。在新的时期，我们提出尊重自然、顺应自然、保护自然，这是对中华文明的大力弘扬，我们要用勤劳智慧的双手建设美丽中国，实现我们民族永续发展的中国梦想。

　　因此，美丽中国不仅表现在江山如此多娇方面，更表现在丰富的大美文化内涵方面。中华大地孕育了中华文化，中华文化是中华大地之魂，二者完美地结合，铸就了真正的美丽中国。中华文化源远流长，滚滚黄河、滔滔长江，是最直接的源头。这两大文化浪涛经过千百年冲刷洗礼和不断交流、融合以及沉淀，最终形成了求同存异、兼收并蓄的最辉煌最灿烂的中华文明。

五千年来，薪火相传，一脉相承，伟大的中华文化是世界上唯一绵延不绝而从没中断的古老文化，并始终充满了生机与活力，其根本的原因在于具有强大的包容性和广博性，并充分展现了顽强的生命力和神奇的文化奇观。中华文化的力量，已经深深熔铸到我们的生命力、创造力和凝聚力中，是我们民族的基因。中华民族的精神，也已深深植根于绵延数千年的优秀文化传统之中，是我们的根和魂。

　　中国文化博大精深，是中华各族人民五千年来创造、传承下来的物质文明和精神文明的总和，其内容包罗万象，浩若星汉，具有很强文化纵深，蕴含丰富宝藏。传承和弘扬优秀民族文化传统，保护民族文化遗产，建设更加优秀的新的中华文化，这是建设美丽中国的根本。

　　总之，要建设美丽的中国，实现中华文化伟大复兴，首先要站在传统文化前沿，薪火相传，一脉相承，宏扬和发展五千年来优秀的、光明的、先进的、科学的、文明的和自豪的文化，融合古今中外一切文化精华，构建具有中国特色的现代民族文化，向世界和未来展示中华民族的文化力量、文化价值与文化风采，让美丽中国更加辉煌出彩。

　　为此，在有关部门和专家指导下，我们收集整理了大量古今资料和最新研究成果，特别编撰了本套大型丛书。主要包括万里锦绣河山、悠久文明历史、独特地域风采、深厚建筑古蕴、名胜古迹奇观、珍贵物宝天华、博大精深汉语、千秋辉煌美术、绝美歌舞戏剧、淳朴民风习俗等，充分显示了美丽中国的中华民族厚重文化底蕴和强大民族凝聚力，具有极强系统性、广博性和规模性。

　　本套丛书唯美展现，美不胜收，语言通俗，图文并茂，形象直观，古风古雅，具有很强可读性、欣赏性和知识性，能够让广大读者全面感受到美丽中国丰富内涵的方方面面，能够增强民族自尊心和文化自豪感，并能很好继承和弘扬中华文化，创造未来中国特色的先进民族文化，引领中华民族走向伟大复兴，实现建设美丽中国的伟大梦想。

目 录

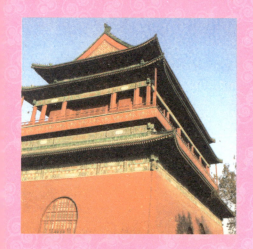

古都城楼

西安钟鼓楼

南京钟鼓楼

明清城墙

德胜门

　　德胜门位于北京城北垣西侧，是北京内城九座城门之一，原名"健德门"。它是明清时京师通往塞北的重要门户，可能是出兵征战之门，素有"军门"之称，人们寄语于"德胜"两字，取"以德取胜"之意。

　　德胜门始建于元朝，重建于1437年，已有500多年的历史。它是由城楼、箭楼、闸楼、瓮城、真武庙和护城河等建筑组成，为明清两代时的群体军事防御建筑，

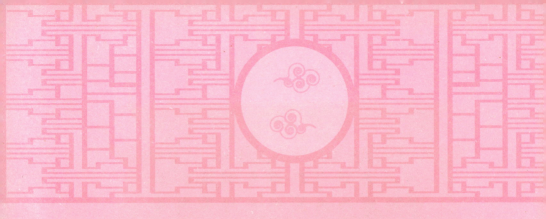

明朝初年始建德胜门城楼

　　1368年8月，明朝大将军徐达率10万大军攻破了元朝的大都城，就是后来的北京。

　　为纪念明军"以德取胜"，徐达在元大都"健德门"的废墟上，重建了一座门洞，更名为"德胜门"，也叫"得胜门"，取"武将疆场奏绩，得胜回朝凯旋"之意，以彰军功之著。后来，"德胜门"也

称"修门"，有"品德高尚"之意。

为防备元军反扑，守城明军在大都北城墙南面五里处又建一道土城墙，与原大都城东西城垣相接，作为防止元军反攻的第二道防线。

1371年，明朝废大都北垣，将南面新城垣加固，并于东西两侧各开一城门，东侧门叫"安定门"，西侧门仍叫"德胜门"，两城门遥相对望。与其他三垣城门多有象征意义不同，北垣的"德胜门"和"安定门"都实实在在地担负着京城防御的重任。

明朝时，德胜门不仅是封建皇都北城的西门，更是通往塞北的重要门户，素有"军门"之称。因德胜门在皇城北垣，北方属于玄武，而玄武主刀兵，所以，凡有重要战事，北京城用兵必走德胜门，寓意此次军队出征必然得胜。战争结束后，军队由安定门班师。凯旋之师从德胜门入城。

有史料记载，明成祖朱棣五次发兵征剿元军残部，后来的清代康熙皇帝几次出兵平定噶尔丹叛乱和大小和卓之乱以及乾隆皇帝出征平

定新疆、青海和四川等土司头人叛乱等战役都是从德胜门出兵，每次出征前，大军都要在德胜门举行盛大的出征仪式。

在明朝永乐年间，明成祖朱棣诏令改建元大都，并迁都北京。就是这次改建，北京皇城内的九门格局被确定下来。

这九座城门，各有各的用途：皇帝专门喝玉泉山的泉水，给皇帝运水的水车，从西直门出入；给宫廷运煤的煤车出入于阜成门；正阳门出入皇帝祭祀天地的车辇；朝阳门走粮车；东直门通柴车；崇文门进酒车；宣武门出刑车；安定门出战车。出兵打仗得胜还朝时，要进德胜门。

1436年10月，明英宗朱祁镇为加强北京都城防务，诏令太监阮安、都督同知沈清和少保工部尚书吴中，率军数万人加固北京城四面围墙，改土筑为砖石结构，并重建九门，该工程直至1439年4月才竣工。

在当时，北京四面的城墙以安定门和德胜门一线最为坚固，其墙基和顶部比其他三面城墙都厚，内外侧墙体的包砖也厚得多。不久，历史上著名的"北京保卫战"，就发生在德胜门。

在明英宗正统年间，北部蒙古草原上的瓦剌部首领脱欢统一了蒙古诸部。脱欢死后，其子也先做了瓦剌部首领，继续扩充实力，准备南犯明朝。

在1449年7月，瓦剌军分兵四路南下，也先亲率兵士攻打大同，明朝北部边陲烽火绵延。当时，明英宗在王振的鼓动下"御驾亲征"，并由王振监军。

明英宗一行到达大同后，得到了先头部队的战败消息，于是王振下令明军撤退至宣化，并绕路回京。明军终于在土木堡与瓦剌军相遇。

明英宗被瓦剌军俘获，王振死于乱军中。瓦剌军因得到了明英宗这张王牌，就企图用他要挟明朝作为攻城略地的政治工具。

土木堡惨败的消息传到北京，举朝震动，甚至有人主张迁都南逃。但当时，兵部侍郎于谦由于坚决反对南迁，得到了皇太后的支持，他被任命为兵部尚书，负责保卫北京。

针对当时的危急局面，于谦等人首先拥立了朱祁钰即位，他就是明景帝；同时，诛除宦党，平息民愤，初步稳定了明朝政局。

此外，于谦提拔了一些优秀的军事将领，注意日夜操练军队，迅速地提高战斗力，并着力调兵遣将，赶造武器，布置兵力，严把九门，准备与瓦剌军决战于北京城下。北京周围很快就形成了一个依城为营，以战为守，内外夹击的作战格局。

也先挟明英宗要挟明朝廷的阴谋未能得逞，便于当年10月率大军进犯北京。10月11日，瓦剌军抵北京城下，列阵西直门外，把英宗放置在德胜门外空房内。

于谦派兵迎击瓦剌军于彰义门，打败也先部队先锋，夺回被俘者1000多人。同时，于谦又派人率兵夜袭，以疲惫敌军。

13日，瓦剌军乘风雨大作，进攻德胜门。于谦命大将石亨在城外民房内埋伏好军队，然后派遣小股骑兵佯败诱敌。也先率主力先锋进入埋伏圈后，明军前后夹击，瓦剌军受到重大打击。

也先的弟弟孛罗、号称"铁颈元帅"的平章卯那孩等将也在这次战役中中炮身死。在德胜门外与敌人激战七天七夜，于谦终于大获全胜凯旋。

当也先发觉明军主力在德胜门后，随后又转战至西直门进攻明军，但也被明军击退。瓦剌军不甘失败，又在彰义门组织进攻，明军佯装失利，瓦剌军追到土城，被潜伏在民居内的明军火枪手阻击，死伤无数，无法推进，加上天寒地冻，京师外围守军的奋力抵抗，到11月8日，也先一路狂逃，退出塞外，并遣使进贡，来北京议和。至此，明军取得了北京保卫战的全面胜利。

北京保卫战的胜利，不仅加强了北京京师部队的战斗力，组成了一支战斗力较强的机动兵力，而且使瓦剌军从此不敢窥视京师；同时，还促进了边防建设，收复了许多要塞和重镇，使明王朝的统治得到了进一步的巩固与加强，而德胜门的箭楼就是在这次战争中发挥了军事上的重要作用。

在北京保卫战之前，德胜门经大规模地重建后，已经成为了一个由城楼、箭楼、瓮城、护城河和石桥等建筑构成的完整体系的群体军事防御建筑，它也因此奠定了后来德胜门的规模。

德胜门城楼面阔五间，通宽31.5米；进深三间，通进深16.8米；砖石结构的城台高12.5米，墙体有收分，东西宽约39.5米。城台北面筑有雉堞，俗称"垛口"。城台两侧有四门大炮。城楼连同城台通高36米。

一般而言，北京内城的九门都有城楼和箭楼。箭楼下都有门洞和城门，但德胜门箭楼是北京箭楼中唯一没有门洞和城门的箭楼，它实际上是一座内木外砖的高层建筑。

德胜门箭楼在城楼前沿，坐南朝北，雄居于高大的城台上，灰筒瓦绿剪边，九檩歇山转角、重檐起脊，屋面盖青色布瓦，镶绿色琉璃剪边。

平面呈"凸"字形，前楼后厦合为一体，三座过梁式门朝南开，箭楼北侧为正楼，面阔七间、东西宽通宽34米、南北宽12米。

箭楼正楼后接庑座五间，四檩单坡顶。外檐用五彩单翘单昂斗拱。大木、装修和楼板等都用松木制作，角梁和斗拱用柏木制作。

下架柱木、板门等髹饰红土油，上檐枋额、角梁和斗拱等绘青绿雅伍墨彩画，所有大木梁柱都采用缠箍包镶。南侧庑座五间，东西宽25米，南北宽7.6米，进深19.6米，楼高19.3米。

箭楼的楼身上下分隔成四层。每层横架都施用承重梁六缝，每层的四周檐柱之间，都用粗巨的枋额串联起来，构成三道围箍的全框架结构，具有较好的刚度和整体性。

整个木骨架外面用两米多厚的砖墙围护起来，封护得十分严密，每层都辟有箭窗，共设箭窗82个，其中北侧48个，东西两侧各17个，供弓弩手瞭望、射箭和藏身。

在德胜门箭楼的南面，有一座规模更大的城门楼。城门楼和箭楼之间用城墙连起来，围出来一个宽70米、深118米的瓮城，其规模在内城各城门中仅次于正阳门。瓮城东侧墙上开一个券顶的大门，门上建闸楼。

　　城楼、箭楼和瓮城共同组成完整、严密、坚固的防御体系。敌人要想攻破城门，必须得先经过箭楼和瓮城两道防线，否则，就会被"瓮中捉鳖"。

　　古代时，由于科技落后，武器低端，且防御武器多以弓箭为主，所以城门作为皇城出入的唯一通道，城门内的箭楼常常是当时苦心经营的防御重点。

　　皇城最里的正门，就是正楼，它与箭楼之间通常用围墙连接成瓮城，是屯兵的地方。在瓮城中，有通向城头的马道多处，缓上无台阶，便于战马上下。

　　城墙四角都有突出城外的角台。除个别角落为圆形外，其他都是方形。角台上修有较敌台更为高大的角楼，更加突出了箭楼在战争中的重要地位。

知识点滴

德胜门瓮城真武庙与护城河

　　明代在德胜门箭楼瓮城的北边正中，曾建造了一座纯正的道家庙宇，名叫"真武庙"。这座庙有些与众不同，其他城楼的庙宇都是建在城楼的两侧，而这座真武庙却是建在德胜门箭楼底下的正中间。

　　"真武"又称"真武帝"，原本是道教所奉的神，而且他曾经在

众神里的身份也极为一般。相传，唐高祖李渊和唐太宗李世民，为了表示他们当时建立的王朝是符合天意的，就把太上老君李耳奉祀为他们李氏的祖先，说太上老君是他们一家的始祖。

到了宋朝，宋太祖赵匡胤曾经附会说，他们赵家的始祖是真武大帝，因为真武帝姓赵，叫赵宣朗，而宋王朝也姓赵。

所以，宋真宗赵恒后来也仿效唐代时李渊和李世民父子俩奉祀太上老君的做法，诏封真武帝为"真武灵应真君"，并开始全力推崇真武帝，从此，真武大帝的身份一下子就高了起来。

元朝时候，元成宗孛儿只斤·铁穆耳又加封真武帝为"光圣仁威玄天上帝"。真武帝从此一跃而成为北方身份地位最高的天神了。

到了明朝时，明成祖朱棣也曾一度抬高真武帝，以借其美化自己。明成祖做皇帝之前是燕王，他是以"清君侧"的名义起兵夺取了皇位。

据说，朱棣打了四年仗，几乎没打过败仗，一直打到南京夺取了帝位，所以他做了皇上之后，把真武神加封为"北极""镇天""真武""悬天"和"上地"等，并且在全国各地，包括在他的皇宫里边都修建了大大小小的真武庙。

　　在德胜门瓮城的真武庙中，奉祀有一位颏下三绺长髯、披发黑衣、腰佩宝剑、脚踏龟蛇的"真武大帝"神像。相传当时在德胜门瓮城和安定门瓮城建真武庙，是因为人们当时觉得让"真武大帝"看守京城北大门，比关老爷更可靠。

　　在当时，德胜门的这座真武庙，比多数城门庙宇都大，庙内的正门两侧各有钟、鼓楼一座，还有几间亭阁和道士的住房。

　　真武庙前的椿树俊秀挺拔，整个环境十分迷人。树丛灌木掩映着"之"字形台阶和瓮城的雉堞。德胜门瓮城内景致秀丽、恬静宜人，是其他瓮城所不能企及的。

　　古代的城防体系有城墙就必有护城河。北京的护城河有上源，有流向，护城河水是流动的，是京城水系的重要组成部分。

　　因为护城河上建有许多闸、坝，以调节水量，控制流速，所以有时护城河水的流速比较大，相应的该段护城河水深面宽，河流的北侧通常还会连着一片大苇塘。

北京北面的护城河从西向东流经德胜门箭楼西侧的松林闸。河水流到箭楼下，冲击粗壮的桥桩，发出巨大的轰鸣声。松林闸下水平如镜，一到台阶，河水如脱缰野马急冲而下，形成德胜门箭楼下一道水景。

那时候，德胜门作为"军门"，守备器械的种类很多，所以城内外兵械商人云集。在后来的德胜门外冰窖口胡同内，曾经还有一个兵器行会所建的弓箭胡同，又称"弓箭会馆"，相传该会馆当时就是专营各类弓箭的。

在明朝嘉靖年间和万历年间，德胜门曾两度大修，其格局规模仍然保持了之前的原貌。1628年，清太宗爱新觉罗·皇太极亲统大军征讨明朝。清太宗一行入洪山口，克遵化城，很快就由蓟州直抵北京，驻营城北土城关之东，直抵德胜门。

后来，清太宗率诸贝勒围绕北京城探视情况，许多贝勒当即积极请战攻城。但清太宗深思熟虑之后才下诏说，"朕仰承天眷，攻城必

克。但所虑者倘失我一二良将，即得百城亦不足喜"。

所以，鉴于北京皇城当时城防的严密，清军打消了立即攻城的念头，移驻南海子，许诺与明王朝议和，并由山海关班师。

1630年，清太宗爱新觉罗·皇太极以为攻打北京城的条件已经相当成熟，便再次率兵前往，岂料他在与明军在德胜门经过一番激战后最终败走。

实际上，也有史书记载说，"德胜"两字的意思不是打胜仗的"得胜"，主要是说"道德超出别人，表明以德取胜，所以有了这个城门"。

在清朝时，德胜门有重兵把守，派章京2员，骁骑校4员，马军200名，由正黄旗管辖。清朝士兵们进德胜门时还要高唱"得胜歌"。传说后来的单弦"八角鼓"就是由当时的"得胜歌"演绎而来。

1679年，北京大地震，德胜门毁坏严重，曾落架重修。在乾隆年

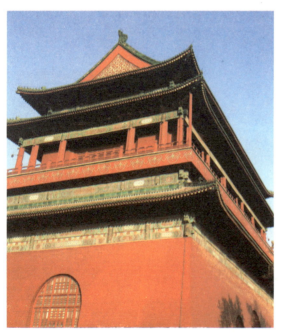

间，德胜门曾再度重修，并在瓮城内西侧立了一通"祈雪御制碑"，人称"德胜祈雪"。

此碑在北京的历史上非常有名，德胜门除去在历史上享有军事要塞的盛誉外，"祈雪御制碑"的碑文因乾隆皇帝亲笔书写，名声大震，更是与京城的其他八门争雄。

1778年，由于天气大旱，许多地方颗粒无收。这一年末，乾隆皇帝北行祭明陵时，到德胜门处喜逢大雪纷飞，于是龙颜大悦，作御诗立"祈雪"碑碣一通，以谢天公作美，并建有黄顶碑楼。碑之高大，令其他诸门的石刻难以比拟，故人称"德胜祈雪"，或称"御碑亭"。

碑刻《祈雪诗》诗道：

春祀还宫内，路经德胜门。
文皇缅高祖，渺已实无孙。
力取权弗取，德尊果是尊。
微尘郊外有，望雨复心存。

此外，碑刻还附有乾隆皇帝关于祈雪诗的部分原注，如"春祀还宫内"原注：

我朝定制二月朔日坤宁宫大祈神，先期自御园还宫，每年如此。

"望雨复心存"原注：

京师立冬，腊雪微沾，今岁上元前一日，得雪不成分寸。今日途间觉有轻尘，虽土脉尚润，而早已心存望雨矣。

御碑亭为重檐黄色琉璃瓦所覆，做工特别精细。乾隆皇帝御笔碑文，字迹宛然在目。当时，在北京皇城的各城瓮内只有德胜门有石碣，盖也奇异。

高大的"德胜祈雪"御碑亭、矮矮的花墙、浓密的椿树和错落有致的梯子墙，构成了当时德胜门瓮城内的一道靓丽的风景。

另外，"德胜祈雪"碑紧靠当年的"同兴德"煤栈西侧，而当时，"同兴德"因生意日益兴隆，每到逢年过节必带头去"德胜祈雪"碑亭内摆放供品，以谢皇恩浩荡。

所以，"德胜祈雪"碑与"阜成梅花""崇文铁龟""西直水纹"和"朝阳谷穗"等镇门之物誉满京城。往来客商、行旅见此碑无不下马拜阅。

知识点滴

史料记载，"德胜祈雪"碑为清朝时德胜门瓮城内的珍品，当时的乾隆皇帝久旱逢雪，再回忆往昔的峥嵘岁月，禁不住地写了一首祈雪诗，以抒心中豪情。

在这首祈雪诗中，乾隆皇帝提到了德胜门，但"门"字末笔未带提钩。因当时有大臣说，这个勾属"火"笔，容易招来火灾。

更何况德胜门是清朝军队出入的城门，寓有"得胜"之意。而且，朝廷出兵总希望得胜而归，绝对不能让火烧去"胜兆"，因此，德胜门匾额中的"门"字末笔也是直下无钩。

永定门城楼

　　永定门位于左安门和右安门中间，地处北京中轴线上，是北京外城的正门，也是外城七座城门中最大的一座，还是从南部出入京城的通衢要道。

　　永定门始建于明朝的嘉靖时期。它跨越明、清两代，寓意"天下一统，江山永定"和"永远安定"。

　　永定门由城楼、瓮城和箭楼等主要建筑组成，采用了重檐歇山三滴水楼阁式建筑，并装饰了琉璃瓦脊兽，它以其雄伟的姿态矗立于北京城的最南端。

明朝始建永定门城楼与瓮城

　　1403年，在南京称帝的明成祖朱棣下令将自己原来做燕王时的封地"北平"升格为"北京"，此为北京得名之始。

　　1406年，朱棣又下令在北京兴建皇宫，整修城墙，预备迁都北京。1419年，为扩展皇宫前方的空间，明朝又将原在长安街一线的南面城墙南移1千米，在正阳门一线重建。

1421年元旦，朱棣宣布正式迁都至北京。当时的北京城又称"京城""大城"。城内有城门九座，所以后来又名"内九城"，由朝阳门、崇文门、正阳门、宣武门、阜成门、德胜门、安定门、东直门和西直门等组成。

古代官职"九门提督"中的"九门"正是指这九门。北京内城平面轮廓呈正方形，皇城的中轴线南起正阳门，贯穿皇宫，北抵钟楼。

明代初期，国势强盛，但由于明太祖朱元璋在推翻元朝之际并未彻底击溃蒙古军队，所以长期遭受北方蒙古的侵袭。为了给蒙古以惨痛教训，明成祖朱棣先后五次亲率大军北征，因此当时的北京的城防问题尚未凸显。

可后来，明朝实力逐渐衰落，蒙古军队多次趁势兵临北京城下。到明代嘉靖年间时，有官员建议在北京城外围增建一圈周长约40千米的外城，以策北京皇城安全。

为了确保北京安全，明世宗朱厚熜决定，在北京城的外围，增筑

一道边长10千米的外城，将原有的北京城包围在里边。

　　增筑外城于1553年开工，因为当时南郊正阳门外商业密集，又有皇家的天坛和先农坛，所以外城由南面开始建造，然后依次建造东、北、西三面。但是外城开工不久，明世宗忧虑工程浩大，财力不足，耗时过久，于是就派内阁首辅严嵩去想办法。

　　严嵩去工程实地考察之后，修改方案为：将原定边长10千米的南面城墙缩短为6.5千米，其东西两端向北转折与原有城墙连接。

　　因此，原来计划在北京城外围增建的呈"回"字形结构的外城，只建成了呈"凸"字形的南城，这就是北京外城为何不在城外而在城南的来历。所以北京外城又称为"南城"，原有的北京城也由此被称为"内城"。

　　外城初建于1553年10月完工，明世宗将外城南面三座城门命名为"永定门""左安门""右安门"，东门命名为"广渠门"，西门命名为"广宁门"，广宁门后为避讳道光皇帝名字"旻宁"，被改称"广安门"。

　　另外两座外城，向北转折与内城连接处的城门则被称为"东便门"和"西便门"。由于建造外城是为了确保北京的安全，所以这些城门的名称多具有"安定""安宁"的寓意。

古时，北京南城垣正南为永定门，是皇室前往南苑团河围猎的必经之路。

永定门城楼为两层，面阔五间、宽24米，进深二间、长10.5米，绿琉璃剪边灰筒瓦重檐歇山顶建筑。正门上嵌有一块楷书的"永定门"石匾，这块匾长2米，高0.78米，厚0.28米，"永定门"三字沉雄、苍劲、大气。

当时，取名永定门，意思是希望大明王朝从此"天下一统，江山永定"，也寓意"永远安定"。据史料记载，后来复建的永定门门洞上方所嵌石匾的"永定门"三字，就是仿照1553年初建永定门时的这块石匾雕刻而成。

永定门的正门，规模宏大，巍峨壮丽，斗拱多层，且内外梁枋斗拱遍施殿式彩画。彩画最初的目的原本是为木结构防潮、防腐、防蛀，后来才突出其装饰性，从宋代以后彩画成为宫殿不可缺少的装

饰。彩画主要有两种类型："殿式彩画"和"苏式彩画"。

"殿式彩画"在元代以后被规定为皇室专用，主要用金，蓝，红三色，有以龙凤图案为主的"和玺彩画"和以旋花为主的"旋子彩画"两种，只有皇家较高级的建筑才能使用。

"苏式彩画"则是民间建筑使用的绘画形式，起源于江浙私家住宅与园林，后来也被皇家园林采用，题材主要有山水、花鸟、鱼虫、人物等。永定门城楼彩绘采用最高级的殿式彩画式样，足见其规制之高。

永定门城楼的大门，门钉数量，门洞以及门前石狮规制均与后来所建的箭楼相同，不同的是，在永定门城楼门前两侧各有一间小房。

两房左右对称，规制一样，均为布瓦卷棚顶。这两间小屋在古代被叫作"班房"，是古时城楼门洞前守城兵丁临时休息之所。两间"班房"规制虽低，却有其独特之处。小屋砖雕精美，垂脊角兽下的向日葵砖雕雕刻手法洗练，大巧若拙。

梁枋上大面积施以苏式花鸟彩画，画面内容丰富，形神兼备。其他地方画有象征多子的石榴，象征多福多寿的仙桃等，寓意美好、表现出对美好幸福生活的无限憧憬的各种吉祥图案。

"班房"椽子顶部为"卐"行，万字不到头图案。"卐"在古代是"火"与"太阳"的象征，梵文意思为"吉祥之所集"，"万德吉祥"。"卐"字图形与梁枋上的石榴，仙桃共同组成"万福万寿""万子万孙"美好寓意。

1564年，明朝全面增建北京外城，共建成了永定门、左安门、右安门、广渠门、广安门、东便门和西便门七座城门。因这七座外城位于北京城的前三座门以南，所以百姓多习惯性称其为"南城"。

但当时，由于南城东西比内城要长，而南北却只相当于内城的一半，形状上又像顶帽子，所以南城又俗称"帽子城"。

当时的北京外城总长约14千米里。外城建成之后，北京城的中轴线由正阳门延伸至永定门，北距钟楼长达8千米。

在这次外城的增建过程中，明朝在永定门城楼下的城台前增建了瓮城。瓮城呈方形，两外角为弧形，东西宽42米，南北长36米，围城墙顶宽6米。

永定门的瓮城之上城钟高悬，御鼓卧立，鸣钟击鼓，数里可闻。

在古代战争时期，当敌人跨过护城河，攻进箭楼，这时只要迅速关闭箭楼与城楼城门，就可以形成瓮中捉鳖之势，将敌人集中剿杀，瓮城因此得名。

通常而言，城楼与箭楼间被两段弧形城墙围成一块空地，这块空地即为瓮城。但当时的永定门，明朝根本就没有修筑箭楼，实际上只是将城楼用极其坚固的城墙围成了一座瓮城而已。

知识点滴

元、明两代在北京有"五镇"之说，后来的乾隆皇帝又将"五镇"在永定门外路西树为具体实物，南方之镇即为"燕墩"，又因南方在"五行"中属火，所以堆烽火台以应之。

因此，"燕墩"又名"烟墩"，有"永定石幢"之说，是北京城市中轴线最南端的标志建筑。

燕墩的砖台下宽上窄，平面呈正方形，台底边长约15米，台顶长约14米，台高约9米。台顶正中是一座正方形石台，台上立一正方石碑，高约8米。

碑座束腰部分用高浮雕持法雕出水神像24尊，均袒胸裸足跌座于海水之上，须弥座四面各雕花纹五层，分别为龙、云、菩提珠、菩提叶、牛头马面及佛像，四角也各刻佛像一尊。

碑身每面宽1.58米，高7.5米，南、北碑面四周刻以云状花纹。南面刻有《御制皇都篇》，北面刻有《御制帝都篇》，均为1753年御笔，汉、满文对照。每面汉字8行，阴文楷书。碑文记述北京幽燕之地的徽记。碑顶有石檐，檐下有石雕三层，碑顶为四角攒尖顶，四脊各有一龙。燕墩记述了燕京建都概况。

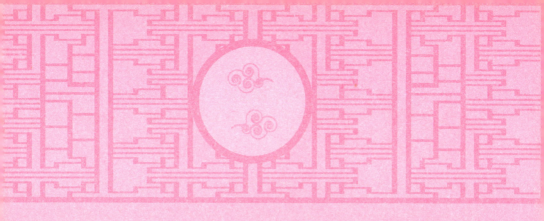

清定都北京后始建永定门箭楼

1644年，八旗子弟入主北京，建立大清王朝后，重建并迁都北京。当时，清朝将北京各城门上用汉文题写的明代匾额全部撤下，开始改用满、汉两种文字题写的匾额。

清朝一直沿用了明代时期的永定门的建制格局。后来，清朝除对永定门的城门和城墙进行过多次修葺没有再做改变。

到1750年时，永定门位于北京左安门和右安门中

间，是当时北京外城七座城门中最大的一座，为北京城市中轴线最南端的标志建筑，也是从南部出入京城的通衢要道。为了加强北京防卫，清朝在永定门又增建了箭楼，并重建了瓮城。

清朝在瓮城正面增建的单层箭楼，为单檐歇山式、布筒板瓦盖顶，绿琉璃瓦镶边；箭楼正脊有明兽，学名"嘲凤"，为龙王九子之一，生性好望远，能飞檐走壁，古代多将其立于房屋正脊或垂脊之上，以期望它能负起警卫的职责。

饯脊之上立有龙王九子，九子神态各异，栩栩如生。相传龙生九子，皆不成龙，且九个儿子各有各的长相，脾气爱好也各有不同。

箭楼规制很小，面阔三间，宽12.8米，进深一间、长6.7米，高8米。连城台通高15.85米；南、东、西三面各辟箭窗两层，南面每层七

孔，东西每层三孔；箭楼门洞为拱券式，箭楼下城台正中对首城楼门洞开有一个单孔拱券式门。

永定门箭楼北侧的楼门为过木式方门。两扇厚重的木质大门上各钉铜钉81枚，横九竖九，错落有致，象征九重天子，皇家威严。

大门前左右各蹲坐石狮一座。石狮高大威猛，端坐在洁白的大理石须弥座上。须弥座又称金刚座，原为佛

像下的基座，以显示佛的崇高伟大。

相传，在古代宅第门前，常立石狮为瑞兽，据说能起到镇宅的作用，此外石狮还有显示宅第主人身份财富的作用。

在不逾制的前提下，宅第主人社会地位越高，财富占有越广，其宅第门前的石狮体形就会越大，做工也会越细。

永定门箭楼前的石狮体形高大，用料讲究，雕工精细，且被安放在须弥座上，突出了皇城的威严，天子的气派。

1766年，清朝又重修了永定门城楼，不仅提高其规制，加高城台和城楼，将城楼由原来的单檐歇山顶改建成三重檐歇山顶式的楼阁建筑，还使用了灰筒瓦、绿剪边，装饰了琉璃瓦脊兽，令其以雄伟姿态矗立于北京城中轴线的最南端。

改建后的城楼形制如同内城，重檐歇山三滴水楼阁式建筑，灰筒瓦绿琉璃瓦剪边顶，面阔五间，通宽24米；进深三间，通进深10.50米；正脊、戗脊上的明兽、路兽都是龙王九子的形象，与箭楼相同。楼连台通高26米。瓮城呈方形，两外角为圆弧形，东西宽42米，南北长36米，瓮城墙顶宽6米。至此，永定门工程才算全部完成。

永定门自嘉靖时始建，到最终建成，共计跨越了明清两代。清朝时仍称永定门，寓意"永远安定"。

知识点滴

相传，元末明初，玉帝派四海龙王的九个儿子，即"龙九子"，去辅佐朱元璋和朱棣平定天下。可是，当他们功德圆满，欲返天廷复命时，企图留住他们的朱棣心生一计，对其中的老大赑屃说："你力大无穷，如能驮走神功圣德碑，我就放你们走！"

赑屃一看是块小石碑，毫不犹豫地驮在了身上，但他不知神功圣德碑是记载"真龙天子"生前一世所做功德之用，又有两代帝王的玉玺印章，能镇四方神鬼，所以它寸步难行。

眼看大哥被压在碑下，其余龙子便决定一起留在人间，并发誓永不现真身。结果，朱棣留住了龙九子，得到的却仅仅是9个塑像般的神兽。

朱棣后悔莫及，为了警示后人不要重蹈覆辙，便让九龙子各司一职，流传千古。

古都

　　北京钟鼓楼，位于北京东城地安门外大街。其中，钟楼在北，鼓楼在南，两楼同时坐落在古城中轴线的北端。它始建于元代，重建于明代，是元、明、清三代京城的击鼓报时之处。

　　西便门城楼位于北京外城的西南角，属北京外城简单便门之一，为明清时期的北京外城七门之一。它始建于明朝嘉靖年间，由城楼、箭楼和瓮城组成。其中，"八瞪眼箭楼"为清代初期增建。

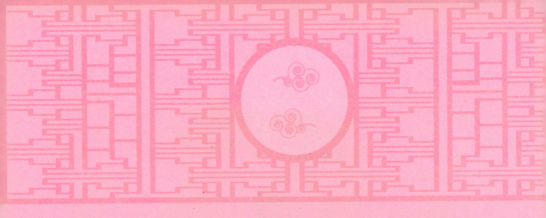

作为报时中心的钟鼓楼

在古代，古人将黑夜划分为"五更"，每更两小时，并以钟鼓报时。鼓楼定更击鼓、钟楼撞钟报时都极有规律，所以"五更"又称"五鼓"或"五夜"。

　　清代初期规定报时的方法为：定更及亮更，皆先击鼓后敲钟，其二至四更则只敲钟不击鼓。后来，改为只在夜里报两次更，每晚定更和亮更先击鼓后撞钟。定更时钟声响城门关，交通断，称为"净街"；亮更时，钟声响城门开，这就是人们通常所说的"晨钟暮鼓"。

　　过去，钟鼓楼的报时之职由清宫銮仪卫承担，文武百官上朝，百姓生息劳作均以"晨钟暮鼓"为度。

　　在古代，古人常用的计时器有碑漏和铜刻漏。碑漏内部设12根铜管，最后一根铜管下置铙片。碑漏上方设一投球孔，铜球通过所有铜管的时间为24秒，然后击铙报时。两个金属球之间的时间间隔为24秒，36个球用时14.4分，即古时一刻，3600个球滚动完毕正好24小时。

　　铜刻漏计时，鼓手们听到铙响后击鼓定更，钟楼听到鼓声后撞钟报时。这一科学的铜刻漏计时、更鼓定时和铜钟报时程序，系统地为文武百官的上朝和百姓的生息劳作及生活起居提供了重要的时间

参考。

后来，清代改用时辰香计时，严格定制的时辰香为盘旋状，均匀燃烧，在经过精确计算的刻度上悬挂小球，下接金属盘。当香烧到该刻度，球掉入盘中报时，提醒鼓手击鼓。

北京钟鼓楼位于北京东城区地安门外大街北端，始建于1272年。钟楼和鼓楼相距百米，前后纵置，一改钟鼓楼左右对峙的传统，并且都处在北京南北中轴线的最北端。

钟鼓楼作为元、明、清代三代都城的报时中心，在城市钟鼓楼的建制史上，北京钟鼓楼的规模最大，形制最高，气势雄伟，巍峨壮观。

元朝时的北京钟鼓楼，位于元大都城，就是后来的北京中心，后毁于火，1297年重建之后不久又毁于火。1420年，明朝重建宫室的同时，又重建了钟鼓楼，并确立了其位于都城南北中轴线北端的地位。

后来，两楼又相继毁于大火。1539年，鼓楼遭雷击起火，第三次重修。1654年，钟鼓二楼毁于火灾，于1745年奉诏再次重建，两年后方竣工。

后来，北京钟鼓楼又历经了多次损毁与修复，后来的钟楼是清代时的建筑，而鼓楼则是明代时的建筑。

钟楼占地约6000平方米，为重檐歇山顶式建筑，共两层，通高47米多，楼身为正方形平面，是一座全砖石结构的大型单体古代建筑。

钟楼正南为一座与围墙相连的三联大门，中门内立有1745年重建钟楼碑一通，螭首方座，碑首题额《御制重建钟楼碑记》，碑阳为经筵讲官户部尚书梁诗正奉敕敬书碑文，碑阴为京兆尹薛笃弼书的《京兆通俗教育馆记》碑文。

钟楼下部为砖砌城台，城台上四面有城垛，周围环绕着汉白玉石护栏。城台台身的四面各有一座拱门，其内部结构采用复合式拱券，呈十字券结构。

除主体拱券之外，还于围护墙体中设有环路通道。在底层的东北角开有一蹬楼小拱门，内设75级石阶可达二层的主楼。

主楼面阔三间，屋顶为黑琉璃瓦绿剪边，正脊两端安背兽，两层屋檐的戗脊上均安狮子为首的五跑小兽。上层檐下施重昂五彩斗拱，下层檐下施单翘单昂五彩斗拱。

主楼四面各有一座拱门，其左右各有一座石雕窗，当心开一拱券门，左右对称开券窗，窗上安设石刻仿木菱花窗。

整个建筑结构强调了共鸣、扩音和传声的功能，这种设计在我国钟鼓楼建筑史上是独一无二的。

在二楼的正中位置，立有八角形的木框钟架，用以悬挂报时用的大钟。在钟架两侧吊一根两米长的圆木，供撞钟使用。

据史料记载，钟架上原来悬挂有明永乐年间铸造的铁钟一口，但因音质不佳，后来才改用了"大明永乐吉日"铸造的铜制巨钟，铁钟则被置放在了钟楼外的平地上。

铜钟通高7.02米，钟身高5.5米，最大直径3.40米，钟壁厚12至24.5厘米，重约63吨，是我国体积最大、分量最重的古代铜钟，有"钟王"之称。

据文献记载，铜钟采用传统的泥范法，利用地坑造型群炉熔铸。钟体全部由响铜铸成，撞击时声音浑厚绵长，圆润洪亮，京城内外方圆数千米均可听到。

北京鼓楼在元朝时名叫"齐政楼"，其位置在明清鼓楼以西，就是后来旧鼓楼大街的南口。在1800年和1894年，曾先后对鼓楼进行了大规模的修缮。

鼓楼是一座单体木结构建筑，总占地面积约为7000平方米，坐北朝南，为重檐三滴水木结构楼阁，通高46.7米。楼身坐落在高约4米的砖石台基上，东西长约56米，南北宽约33米。

鼓楼有上下两个功能层和中间的一个结构暗层，面阔五间，进深三间，外带周围廊，四周围以宇墙，红墙朱栏、雕梁画栋，非常雄伟壮丽。

鼓楼下层为城台，城台外显面阔七间，进深五间，内部为拱券结

构，楼底层共有拱券式门八座；南北各有三座券门，东西各一券门，南侧门前有石狮子一对，高约1.25米。

楼台东北隅有一门，内有蹬楼石阶梯，南北向倾斜45度，共60级，然后拐弯向西，东西向倾斜45度，共有9级，经69级石阶梯可达二楼。

二楼四面均有六抹方格门窗，四周有廊，宽约1.3米，带木护栏，望柱高1.55米，建筑面积为1925平方米。楼内有木制鼓座，鼓座为红油漆上雕云纹，高1.8米，长2米，宽1.9米。

鼓楼的25面更鼓便置于此处，其中："大鼓"又称"主鼓"一面，代表一年；"小鼓"又称"群鼓"24面，代表一年24节气。

据史料记载，在清朝末年，北京鼓楼曾经使用的一面大鼓鼓高2.22米，腰径1.71米，鼓面直径约1.5米，用整张特大牛皮蒙制而成。

此外，楼内安放着计时器碑漏和铜刻漏。鼓楼上的铜刻漏为宋朝年间制造并相传下来的，分为四级漏壶，由上至下分别是：天池、平水、万分和收水。

收水壶设箭尺于水中，水涨箭浮，依刻显时，旁边的铙神每隔15

分钟击铙八次报时，每天误差仅在20秒左右。

鼓楼的第三层是暗层。鼓楼屋顶为灰筒瓦绿琉璃剪边重檐歇山式，正脊两端安背兽，平坐周围以木制滴珠板封护，上层檐下施重昂五彩斗拱，下层檐为四坡屋顶，施单翘单昂五彩斗拱，平坐下施重翘五彩斗拱。各层屋顶戗脊上曾置狮子为首的五跑小兽，后来改为仙人为首的七跑小兽。

相传，永乐皇帝诏令工匠铸巨型铜钟。但三年过去，铜钟仍未铸好。于是，皇帝怒斩监铸太监，并限令工匠们在80天内铸好大钟，否则全体处斩。这次负责铸钟的华严师傅是当时有名的铜匠。

据说，他有一个聪明伶俐、出落得如仙女一般的女儿华仙。当时，华仙见父亲为铸钟的事一筹莫展，便请求父亲带她一起去铸钟。

那一天，眼见又要失败，华严急得眼睛都红了。只见当时，穿一身红袄红裤，着一双绣花小红鞋的美丽华仙冲到炉边，猛地纵身跳进炉去。刹那间，炉火升腾，铜水翻滚。铜钟终于铸成了。

后来，为了纪念这位为了铸钟而献身的美丽姑娘，人们尊称她为"铸钟娘娘"。

西便门城楼与八瞪眼箭楼

相传，有一年，鲁班爷带着他的儿子和徒弟赵喜去北京云游。一天，他们看见有人正在修建城墙，亟待竣工，城门下脚所需的汉白玉石以及城门里用的豆渣石，还一直没找到合适的材料。

眼看工程完不了，工头心急如焚。见此情形，好心的鲁班爷便带着儿子和徒弟赵喜在北京周围四下寻找。

有一天，当三人走到离北京不远的、北京西南的琉璃河时，鲁班爷看到河边有许多豆渣石，河底有许多汉白玉石。

于是，他就对着河面大声地喊道："河底下有白家哥儿们吗？你们醒醒！"

　　说来也怪，果然有来自水底的声音回应道："有，有，有！"

　　接下来，三人就商量如何搬运石头。豆渣石黄黄的，似牛皮，赵喜决定把豆渣石变成牛往北京赶；汉白玉石白白的像羊毛，所以鲁班爷的儿子打算把汉白玉石变成羊往北京赶。

　　商量好了运石头的法子之后，鲁班爷又对他的儿子和徒弟说："必须一夜运到北京，如果天明鸡叫，石头可就要露了原形，再也走不动了！"

　　鲁班爷的儿子答应了，赵喜也答应了。

　　天交定更后，鲁班爷不慌不忙地来到河边，冲河岸边上的豆渣石、河底下的汉白玉石，大声地吩咐着说："老豆、老白，你们辛苦辛苦，到北京去吧！你们到了那里，帮助把北京城修成了，你们可就是一千年、一万年都有名啦！"

　　不知道老豆、老白是否听到，总之他们都没应声，鲁班爷的儿子直皱眉头，赵喜也禁不住地笑了起来。

这下子，鲁班就急了，不由得勃然大怒，厉声大吼道："老豆、老白，你们给我快快地走！"

老豆、老白本来故土难离，但经不住鲁班爷的麻烦与纠缠，一块块豆渣石变成了一头头健壮老黄牛，跑了过来；一块块汉白玉石变成了一只只温顺大绵羊，跳出水来。

鲁班爷心里高兴极了，赵喜师兄弟两个人，分别赶着牛和羊，经长辛店，过卢沟桥，直奔东北走而去。

当时，素来诡计多端的赵喜心里暗算：牛比羊走得快，我这回可不能让鲁班爷的儿子抢了头功，要是能让鲁班丢人现眼就最好了。

于是，两人一过卢沟桥，赵喜就"叭，叭"两鞭子，转眼的功夫，赵喜跟那群黄牛就没影了。鲁班爷的儿子走得也不慢，刚到四更天，就看见北京城了，心想：这回真没违背父亲吩咐的限期！

眼看羊就到城边了，忽然"咯儿咯儿"一声鸡叫，近村远村的鸡都就叫起来了。其实，这是赵喜的豆渣石运到了以后，怕师哥抢头功，学了一声鸡叫。

听到鸡叫，鲁班爷儿子赶的那些石头变的绵羊，忽然间就全倒下又变成石头了。这些石头，远远看去，就仿佛一群绵羊似的。

后来，明朝在这里修建了西便门，人们就管这群汉白玉石羊叫"西便群羊"。

明朝初期，北京城建成后，西便门仍在北京城墙西南端角楼旁边，为北京外城西南角的城门，在当时的形势下，最强烈的愿望是安宁，安宁压倒一切。

西便门是明、清时期京师外城七门之一，主要由城楼、箭楼和瓮城组成。西便门与东便门，是北京修建较晚的两个城门。

1553年，为了防御蒙古骑兵的骚扰，保障北京城的安全，明朝在京城四周修筑外城，但因当时低估了建筑的规模，受财力限制，就只修了环抱南郊的一段，修建了永定门等五门，从而使京师城垣呈"凸"字形。

后来，北京外城城墙东西两端与内城城墙相连接处附近修有两座朝北向的城门，分别就是东便门和西便门。

东便门是北京外城东南端的一座小城门，位于北京城墙东南端角楼旁边，是北京外城的城门之一，主要由城楼和箭楼组成。西便门初建规模很小，规制较为简陋，其城楼通高仅11米，其他形制、尺寸与东便门相同。

后来，由于北方游牧民族南下劫掠越来越频繁，而明朝也日渐富庶，北京城内城外的居民逐日渐增多，因此，为了进一步增强北京城的防卫，明朝又在北京城四周补修外城，从而形成了以永定门、左安门、右安门、广渠门、广安门、东便门和西便门为主的外城七门的格局。

1564年，西便门扩建城楼时，增筑了约长31米的半圆形瓮城，同时加固了西便门城楼东侧内外城连接处的城墙垛口，疏浚城门外的护城河道，在城门以东修筑一座三孔水桥，使玉泉山水在附近顺利分流注入通惠河。

经过这次扩建后，西便门城楼为单层单歇山小式，灰筒瓦顶，四面开方门，无窗；面阔三间宽11.2米，进深一间深5.5米，高5.2米；其城台正中辟过木方门，楼连城台通高11.2米。瓮城为半圆形，东西宽30米，南北长7.5米。

在这以后，直至建立清朝，出于外城防御的需要，清朝才对西便门城楼进行了扩建，在瓮城上增筑了宽9米、高4.7米的小型箭楼。

箭楼上设有两排箭窗，每排四个箭孔，共八个箭孔，宛如八只睁得大大的眼睛，神情警惕而专注地俯视着城外，简直有令来敌生畏的感觉，因而人们又称西便门箭楼为"八瞪眼箭楼"。

八瞪眼箭楼为单层单檐硬山小式，灰筒瓦顶，南背面辟过木方门，东西北三面辟箭窗，每面各二层，北面每层四孔，东西面每层两孔；面阔三间宽9米，进深一间深4.6米，高4.7米；其城台正中辟门，北半侧为其外侧，属于拱券顶，南半侧为其内侧，为过木方门连城台通高10.5米。

清代以后，西便门城楼、箭楼和瓮城及附近城墙均被拆除。后来，紧靠西便门城楼东侧的195米内城墙被整修，并在外城相接原址复建了"八瞪眼箭楼"，同时保留了七处断面遗迹，并立碑纪念。

知识点滴

关于西便门名称的由来，据相关史料记载，大概有两种说法：一是取"便门"之意，意思是西便门"便于南北方向的出入"，或指西便门属于"工程简便，不是大兴土木"之门。

无论西便门城楼，还是八瞪眼箭楼，相对其他各城门来说，都较为简单。

其次，指西便门偏居北京城的西侧，并且是在北京内城和外城的结合部位。所以，这座城门因其所处位置，曾经用"偏"来命名，别称"西偏门"。但由于"便"和"偏"的发音相近，时间一长，人们就把"西偏门"读作"西便门"了。

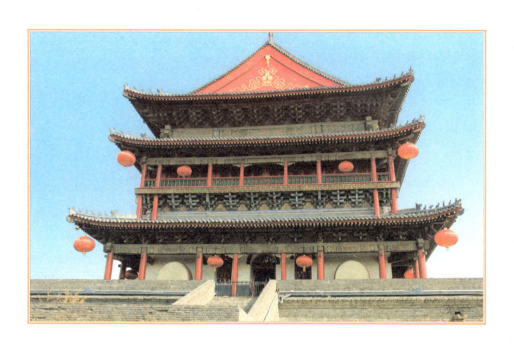

西安钟鼓楼

　　西安的钟楼和鼓楼位于西安城中心，是西安城的标志性建筑物，他们遥相呼应，蔚为壮观。西安的鼓楼建立于1380年，钟楼建立于1384年，距今已有600多年历史。

　　西安鼓楼享有"声闻于天"的美誉，其建制远远超越了明代皇家的礼制。明太祖朱元璋希望其不仅能司辰报时，还能振明朝国威，以慑边寇。

　　西安钟楼是我国古代遗留下来的众多钟楼中形制最大、保存最完整的一座，其建筑规模、历史价值和艺术价值都居全国同类建筑之冠。

超越皇家规制的西安鼓楼

1380年，当明军还在陕西泾阳上与元军鏖战时，明太祖朱元璋就考虑不能一直骑在马上治天下了。经过血与火洗礼的西安城，百废待兴，因而城市建设为当时第一要务。

于是，他就派遣了守卫陕西和西安的接管官员开始营建西安城。在西安城的首批建筑里，司辰报时的西安鼓楼也位列其中。

古时，鸣钟报晓、击鼓报暮，因此有"晨钟暮鼓"之称。同时，夜间击鼓以报时，"三鼓"就是"三更"，"五鼓"就是"五更"，一夜共报五次。日落时击鼓起更关闭城门，夜半深更击鼓警戒行人，日出前击鼓亮更开启城门。

在明朝初期，西安城周长11.9千米，面积为8700平方米。所以，要使鼓声能传遍全城，就必须建造高楼，并设置大鼓。

据史料记载，元朝时西安城也曾建有一座高楼，名为"定时楼"，因其楼上设有巨鼓一面，每日击鼓报时，人称"鼓楼"。在元末明清时，"定时楼"被焚于战火。

明朝扩城以后定时楼遗址已不是城市的中心点，但当时传说该地的风水很好，曾经还是唐朝最高行政首府尚书省的玄关，即正门所在。尚书省和六部击鼓司辰，提醒官员上朝退朝。那时候，尚书省放

置鼓的楼名为"敬时楼",位置就在玄关一带。

此外,在元代鼓楼的东侧是奉元路府所在地,到了明朝时期,西安城是明朝的全国军政重镇,而定时楼的遗址东侧正是西安府所在地。虽然钟鼓二楼相依相随自古使然,但靠近衙门的鼓楼自然是要先建了。

所以,明朝于1380年新建鼓楼的地址依然选择在定时楼的遗址之上,也就是后来的西安北院门街南端,鼓楼横跨北院门大街之上。

我国古代自古就有"盛世修史、丰年盖楼"之说。主持修建鼓楼的有明代著名开国将领长兴侯耿炳文、西安知府王宗周等人,据说是在微雨朦胧之中为鼓楼工程奠基的。

选址和设计好后,鼓楼工程开始。一群役夫和雇工,在匠人头头的带领下,开挖奠基,运土廓坑,垒砖搬石,不出数月,长方形的砖砌留有券洞楼基就耸立起来了。

但鼓楼的券洞内和北院门街起初一直都是土路,直至清朝中期,有一晁姓大富户为了做官，捐银两给鼓楼券洞和北院门街路面才铺上了石条。

那时，陕西咸阳古松参天，森林密布。西安鼓楼的梁柱椽板用木，就来自咸阳森林。

木匠们对这些特意选伐的百年、千年巨松，先是刨光溜圆，继而或者浑木使用，或者解剖成段，或者凿卯刻榫，或者雕斗琢拱，然后通过立柱架梁，铺设椽板，勾心斗角，形成了鼓楼的巍峨骨架。最后顶覆筒瓦，内外彩绘，开门辟窗，内置楼梯等，一座巨大稳重、华贵秀美的鼓楼屹立在了西安城里。

整座西安鼓楼呈长方形，不用一铁一钉，全靠隼卯珠联璧合，楼内两层，楼外望去却是三层，为重檐三滴水结构。鼓楼四围回廊上每

层正面有明柱十根，九个间隔。鼓楼歇山屋面上的大片葫芦悬金彩绘尤为少见。

鼓楼的整体构造又称重檐歇山式，与北京天安门、故宫保和殿相类，高度超过了天安门。南京当年的鼓楼更是不比西安鼓楼雄伟。所以，西安鼓楼是我国最大的鼓楼。

鼓楼由地面至楼顶高34米，是古时西安城的高大地标建筑之一。鼓楼因此也成为人们登高远望的佳处。鼓楼的高大形象，还特别深入民心。

传说，有秦、晋、豫三位商人出门在外，为争旅舍热炕睡，各自夸起了本省名物。

晋商说："山西有座应县塔，离天丈七八。"

豫商接着说："河南有座于谷祠，把天磨得'咯擦擦'。"

秦商也吟诵道："陕西有座大鼓楼，半截插在天里头。"

为了表示对西安鼓楼的叹服，晋豫二商一致同意让热炕于秦商。

明朝对建筑等级有严格规定，如朝廷一品官员的厅堂为五间九架；重檐屋顶一般只准在皇宫王府和皇家寺院中使用。如若擅自超越，将会被朝廷视为僭越之罪，处以满门抄斩之刑。

传说明代僧人重建大荐福寺时，苦于物力窘迫，无奈使用了寺庙旧日拆下的黄瓦，朝廷得知后迅即派人来调查，发现是武周朝时大荐福寺故物，并非当代人故意使用，才免予降罪。

按明朝规制，西安鼓楼的建筑严重超越了当时的礼制。但据史料记载，对西安鼓楼的建筑规制如此皇恩浩荡的原因正是归于朱元璋本人。

当时，建都南京的朱元璋虽攫取天下，但始终对逃至漠北的元朝鞑靼放心不下。所以朱元璋格外开恩，在西安创建了除司辰报时外，

更可振明朝国威，以慑边寇的皇家等级的鼓楼。

西安鼓楼建在用青砖砌成的高大的长方形台基之上，其台基东西长52.6米，南北宽38米，高7.7米，占地1998平方米，它的面积比钟楼台基大738平方米。在西安鼓楼的台基下，辟有高和宽均为6米的南北向券洞，与西大街和北院门街一线笔直贯通。

鼓楼的主体建筑在台基的中心，分为上下两层楼，为梁架式木质楼阁建筑，面阔七间，进深三间，四周设有回廊。第一层楼身上置腰檐和平座，第二层楼为重檐歇山顶，上覆绿色琉璃瓦。

楼的外檐和平座都装饰有青绿彩绘斗拱，使楼的整体显得层次分明，花团锦簇，浑雄博大。登楼的青砖阶楼设在砖台基两侧，在第一层楼的西侧有木楼梯可登临楼的第二层。楼的结构精巧而稳重，是难得的明初建筑佳作。

西安鼓楼刚建成时，在其第三檐下曾经悬挂有"文武盛地"和

"声闻于天"两块匾额。匾额"文武盛地"悬挂于鼓楼南檐下正中，意境雄阔，吐纳古都千年风云萦绕于笔端。"声闻于天"悬挂于鼓楼北檐下正中，取典于《诗经》中的诗句"鹤鸣九皋，声闻于天"。

明代以及后来的清代，在鼓楼周围的，大多是陕西行省、西安府署的各级衙门，这些衙门办公和四周的居民生活都离不开鼓声，鼓声也成了当时人们最熟悉的悦耳之声了。

传说，当时西安鼓楼上的大鼓高1.8米，鼓面直径2.83米，系用整张优质牛皮蒙制而成；鼓腹直径3.43米，重1.5吨，该鼓声音洪亮、浑厚，重槌之下，10里可闻。

鼓楼修好的176年后，也就是1556年，关中曾经发生了一场大地震，此后余震持续数月不断。这次地震使西安城很多建筑遭到毁灭性的破坏，但鼓楼在这场地震中却没有大的破坏，只有鼓楼上的牌匾受损。

　　西安震区经明朝于万历年间的大规模重建，多年后才逐渐恢复了元气，而其中就包括重修鼓楼。在鼓楼重修竣工后，明代陕西巡抚都御史赵可怀曾重新书写了鼓楼南额的牌匾"文武盛地"和"声闻于天"。

　　至清代，康熙、乾隆两朝曾经先后于1699年和1740年，对西安鼓楼进行过大规模的重修。"腐者易以坚，毁者易以完"。

　　据当年的《重修西安鼓楼记》记载，因为上年陕西小麦丰收，"陇有赢粮，亩有遗秉，民不俟命"，所以出现了"男娶女归，礼兴讼息"的太平景象，于是效法古事，重整鼓楼。

　　当时，长安县令王瑞具体负责修缮事宜。重修后的鼓楼，面貌崇隆敞丽，灿然一新。登楼远望，闹市风光、秦川景色历历在目。

　　鼓楼在这次大修时，鼓楼南北檐下正中换上了新的牌匾。"文武盛地"匾额是当时陕西巡抚张楷摹写乾隆皇帝"御笔"而成；而"声闻于天"匾额为当时的咸宁学士、大儒李允宽所书，字大盈间，苍劲挺拔，画龙点睛地说明了鼓楼的实际意义。

　　南北两幅苍劲的匾额曾经被誉为两颗"明珠"镶嵌在西安的鼓楼

之上，与鼓楼一同饱经风雨的历练。

"文武盛地"和"声闻于天"两匾都是长8米，宽3.6米，为蓝底金字木匾。八个匾字均为贴金凹体，简直字字珠玑，千古绝笔。

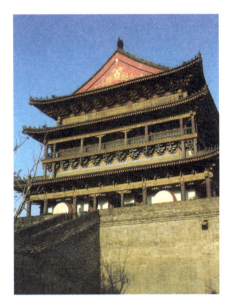

后来，由于"声闻于天"匾被毁，只有"文武盛地"匾传了下来。此匾与山海关钟鼓楼的"天下第一关"匾额，一起被誉为我国钟鼓楼的"中国两匾"。

知识点滴

关于西安钟楼上的"声闻于天"牌匾，民间流传着一个关于"於"字加"点"的神秘传说。

据传说，在武周时期，有一座鼓楼建成后，大臣们恭请皇帝武则天写了"声闻於天"四个字，武则天一挥而就后却没注意到"於"字上少写了一点。

后来，直至武则天有一次路过挂在宫门处鼓楼上的匾额时，抬头看见匾额上的"於"字少了一点，于是就询问身边的大臣原因何在，可身边的大臣面面相觑不敢出声。

只见当时，武则天下令取来大笔一支，蘸上墨，用一弓箭将其射到牌匾上，正好射到缺一"点"的位置，引来群臣欢呼。明朝时，有人在挂匾西安鼓楼时，将"於"字改写成了"于"字。

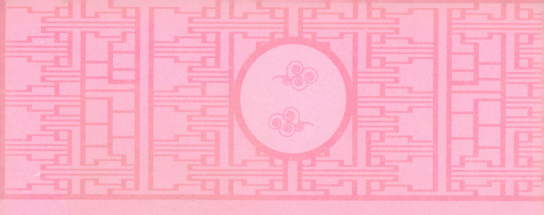

与鼓楼遥相呼应的西安钟楼

　　据传说，明王朝定都南京后，其间有一次迁都之议。有大臣主张迁都西安。明太祖朱元璋曾经有些心动，专门派太子朱标赴西安实地勘察，选择宫室基址，并绘制陕西地图进献。

但奇怪的是，这位太子刚返回南京就一病不起，次年便死了。朱元璋打算迁都西安一事后来也因此而作罢。

在这期间，更奇怪的是，朱元璋在南京初登帝位后，关中一带连连发生地震，民间相传城下有条暗河，河里有条蛟龙，蛟龙在翻身，长安在震动。

这话到了朱元璋耳里，他害怕了，心里总感觉不踏实，于是就想办法要压住它。恰在当时，有个道人术士给他出了个主意，建议朱元璋在西安的城中心修一座钟楼，因为"钟乃天地之音，可镇住蛟龙"。

当时，朱元璋首先想到了当时有"天下第一名钟"之美誉的景云钟，它因铸造于唐代景云年间而得名，最早悬挂于唐代长安城内的景龙观钟楼上。钟高247厘米，腹围486厘米，口径165厘米，重约6吨。

钟形上锐下侈，口为六角弧形。钟纽为"蒲牢"形，钟身周围铸有纹饰，纹饰自上而下分为三层，每层用蔓草纹带分为6格，共18格。格内分别铸有飞天、翔鹤、走狮、腾龙、朱雀、独角独腿牛等，四角各有四朵祥云，显得生动别致。

在景云钟的钟身正面有铭文一段，18行，每行17字，空格14字，共292字，唐睿宗李旦撰文并书写。文为骈体，内容是宣扬道教教义，阐述景龙观的来历、钟的制作经过以及对钟的赞扬。字体为稍掺篆隶的楷书。

景云钟用铜锡合金铸成。铸造时分为五段，共26块铸模，其铸工技巧娴熟，雕工精致，钟声清晰洪亮，音质优美，显示了唐代冶铸技术的高超水平。

1384年，在朱元璋亲自过问下，一座当时全国最大的西安钟楼很快落成了。同时，景云钟也悬挂到了西安钟楼上。当时的西安钟楼位置在唐长安城的中轴线上，也是五代、宋、元时长安城的中心。

其所在地在西大街以北广济街口的迎祥观，就是后来的西安西大街北广济街口东侧，与明朝四年前所建西安鼓楼遥相对峙，距后来西安钟楼所在的位置约1千米。

西安钟楼修好了，"天下第一名钟"也挂了上去。此后，朱元璋又派他的二儿子、著名的秦藩王朱樉镇守西安，西安的社会经济开始持续发展，其民众安居乐业，西安钟楼也终于安定下来了。

但过了两个世纪后，随着西安城中心东移，城门改建，新的东、南、西、北四条大街形成，位于迎祥观的钟楼便日益显得偏离城市中心。

　　到了1582年，明神宗朱翊钧下令，由陕西巡安御使龚俄贤主持，将西安钟楼整体迁移至后来的西安城中心，西安钟楼从而成为一座绾毂东西、呼应南北的轴心建筑。钟楼呈典型明代建筑艺术风格，重檐斗拱，攒顶高耸，屋檐微翘，华丽庄严。

　　据碑文记载，移建工程除重新建造基座外，木质结构的楼体全是原样原件，所以耗资不多，工程迅速。完成这样一座庞大建筑的迁移修建，即使在后来有着高水平迁移技术的情况下，也不是轻而易举的。

　　它既需要高超的建筑安装技术，又需要严密精细的工程组织，这项完成于16世纪的特殊工程，是我国建筑史上极为自豪的一大创举。

　　后来，在1699年、1740和1840年时，清朝曾先后对钟楼进行了大范围以及大规模的整修。

　　钟楼构建于用青砖和白灰砌成的正方形基座之上，全部用青砖砌

成，基座之上为两层木结构楼体。钟楼自地面至钟楼的宝顶通高约36米，由基座、楼身和楼顶三部分组成。基座每边长35.5米，高8.6米，建筑面积约1377平方米。基座下有高与宽均为6米的十字形券洞与东南西北四条大街相通，内有楼梯可盘旋而上。

钟楼外部的重檐三滴水攒尖顶式不只是增加建筑形制的美观，而且缓和了雨水顺檐下落时对建筑的冲击力。四角攒尖的楼顶按对角线构筑四条垂脊，从檐角到楼顶逐渐收分，使得金顶稳重庄严。楼上琉璃瓦的板瓦之间扣以筒瓦，以铜质瓦河固定，更使建筑稳固结实，成为浑然一体的建筑艺术珍品。

钟楼屋檐四角飞翘，如鸟展翅，由我国各种古典动物走兽图案组成的兽纹在琉璃瓦屋面的衬托下，给人以形式古朴、艺术典雅、色彩华丽、层次分明之美感。

钟楼的顶尖部为铜皮包裹木质内心的"金顶"，又称"宝顶"，高处的宝顶在阳光下熠熠闪光，使这座古建筑更散发出其金碧辉煌的独特魅力。

至于西安钟楼之顶为何要装饰成"金顶"，西安民间流传着一段美丽的传说。

据说，在古时的长安，城中心地下不断涌出水来，淹没房屋，冲毁道路，大有把长安变成一片汪洋之势。有一天，观音菩萨路经长安，见此情景，尤为揪心，于是就大发慈悲，托梦给城中的百姓道：

> 有一条孽龙在地下兴风作浪，要把长安变成海，大家只要齐心协力挖开海眼，囚住孽龙，并在上面建一座钟楼将它镇住，方可永保长安城万世长安。

于是，城中的百姓便挥舞厥锨，顺着冒水的地方一直挖下去，终

于挖到了足有10个井口大的海眼，但见一条巨龙正在浪中张牙舞爪，掀起波涛。

众人经过奋力拼搏，最后将孽龙用钢环铁索紧紧捆绑在一根镇海铁柱上，再用厚厚的钢板封住海眼，并立即动工在上面修建了一座十几丈高的钟楼。

可是，正当大家将一个巨大的玻璃做的宝葫芦安放在钟楼顶时，被捆绑的孽龙突然在地下晃动身躯，钟楼就突然剧烈地摇动起来，玻璃顶一下子摔到地下变成碎片。钟楼的抖动也越来越厉害，大有倒塌的危险。

就在这危急关头，观音菩萨驾云从南海来到长安上空，把手中的净瓶倒扣在钟楼上，变成了金光闪闪的宝顶，钟楼顿时纹丝不动，稳如泰山。那条孽龙也从此被镇在西安的钟楼底下，再也不能作恶为害了。

钟楼体整体为木质结构，呈典型明代建筑艺术风格，深、广各三间，系"重檐三滴水""四角攒顶"建筑形式。楼分两层，下层为一重屋檐，上层有两重屋檐，四角攒顶覆盖碧色琉璃瓦，各层有斗拱藻井彩绘。

两层楼四角均有明柱回廊、彩枋细窗及雕花门扇，尤其是各层均饰有斗拱、藻井、木刻和彩绘等古典优美的图案，是一座具有浓郁民族特色的宏伟建筑物，也是我国目前能看到的规模最大、保存最完整的钟楼。

由钟楼北侧台阶而上，一层大厅天顶有"万道霞光"的圆形彩绘图案以及四周相伴的184块由四季花卉组成的彩绘天花，鲜亮艳丽、栩栩如生。

在一层大厅的西墙上，曾经镶嵌着两通碑，一通是1740年大修后由陕西巡抚张楷书写的《重修西安钟楼记》碑；另一通是由陕西巡抚龚懋贤在钟楼东迁后亲笔题写的《钟楼东迁歌》碑。

这两方碑记述了西安钟楼这一巨大建筑曾经所经历过的一次令人难以置信的整体迁移。

西安钟楼的门扇槅窗雕楼精美繁复，表现出明清时期盛行的装饰艺术。每一层的门扇上均有八幅浮雕，每一幅浮雕均蕴含了一个有趣的古代典故。

据传说，西安钟楼迁到新址之后，虽然钟楼的式样大小并没有发生改变，但景云钟却怎么也敲不响了。无可奈何，钟楼只好更换了一口铸造于明成化年间的巨钟，重约5吨，钟边铸有八卦图案。

知识点滴

传说，从前，关中八百里秦川是一望无边的泽国，西安就湮没在这大海之中，海水不是河流汇聚而成的，是从钟楼位置的泉眼里涌出的。

海里有只数丈长的巨型乌龟整天在闹腾，只要它一动就会有翻山蹈海的巨浪，半坡先民依山傍水而居，他们的居处屡遭水淹。

为了保一方平安，也为了自己的居所不再有水患，先民们就请来神仙工匠，修建了一座钟楼盖住了涌海水的泉眼，为了不让这乌龟兴风作浪，专门求神仙用锁心链把它锁住，使它在泉眼里长眠不醒，将它的巨大身躯当做堵水栓，使海水不会冲出，关中这海底平原才得以渐渐露出容颜。

南京钟楼

　　南京钟鼓楼位于南京城的中轴线上，是融合南京历史、文化和自然景观的城市中心标志。

　　南京钟鼓楼始建于1382年。南京钟楼声音清亮悠扬，鼓楼声音振聋发聩，响彻百里。钟鼓楼用以昼夜报时、迎王、选妃及接诏等大庆典时使用，堪称明代首都之象征。

　　南京鼓楼规模宏大、气势雄伟。南京钟楼位于鼓楼的西侧，精巧别致，规模较小。它的钟亭与大钟又名"古亭晨钟"，曾经被誉为"金陵四十景"之一。

明朝初期始建南京钟鼓楼

　　南京是明朝的开国之都，在明初的50多年间，经济、文化发展都很快，为全国最大的城市。

　　早在大明建立前的1365年，吴王朱元璋就在南京设太史监，专门

观天象。而古代的观天象
与国家政治紧密关联，所
以太史监地位非常高。明
太史监首任太史令，就是
朱元璋身边著名的谋臣，
上知天文、下知地理的刘
伯温。

次年，开始建造南京
城墙。据史书记载，明城
墙由明太祖朱元璋亲自参
与设计，而刘伯温正是城
建规划的总设计师。

明朝时的南京城墙，
是当时世界上最高大的
城墙。南京城墙有内十三，外十八之说：内有13座城门，外有18座城
门。又在13座城门的中心地带建造了高大的鼓楼和钟楼。

两楼一高一矮，飞檐杰阁，翼如焕如，像两颗明珠镶嵌在古都中
轴线。民间统称南京钟楼与鼓楼为"南京钟鼓楼"。

南京钟鼓楼位于南京城西北—东南走向中轴线的一处山冈上，就
是后来的南京鼓楼岗。在方位上是斜的，巍伟壮观。

我国古有"晨钟暮鼓"之说，"鼓楼之设，必于中城，四达之衢
所"，钟声清亮悠扬，鼓声振聋发聩，响彻百里。堪称明朝都城的
象征。

据《南雍志》记载，为有效利用时间，早在1381年，朱元璋就曾

亲自参与制定城市布局，定下于1382年在南京城中建鼓楼的决策，所谓"左列鼓架，右建鼓楼"。

朱元璋还下令统一漏刻制度，统一使用年、月、日、时、刻，在全国实行统一的标准时间。鼓楼和当时同建的钟楼统称"南京钟鼓楼"，两楼"有事报警，无事报时"。

南京鼓楼建于海拔40米的鼓楼岗上，鼓楼阁高30米，占地面积9100平方米，历来就是南京的标志性建筑之一。

鼓楼由台座与主楼构成。主楼为上下两层，规模宏大，气势雄伟。钟楼的台座为砖石砌筑的拱形无梁城阙状，东西长44.4米，南北宽22.60米，高达9米，红墙巍峙，飞檐迎风。

在台座的东西两端各筑青石台梯40级，直达平台之上。在梯孔之上，建有歇山顶梯宇一座，以防雨水下注台梯，台座横向正中和偏前

各开漏窗两口，以供巷道、台梯通风采光。

　　主楼矗立于高大的平台之上。在主楼下层的平台上悬挂有一口"太平大钟"，钟上镌刻有"吉祥""如意"字样。一层门楼上有一块"鼓楼览胜"的匾额，两侧有一副对联：

　　　　　　闹市藏幽于无声处闻鼙鼓；
　　　　　　高台览胜乘有兴时瞰金陵。

　　南北两面各有拱门贯穿前后，中门券高6.5米，宽6.35米；左右二门各券高5.28米，宽4.70米。两边拱门内又各有二藏兵洞，能驻百人，当时御鼓官率兵居此镇守。中间有券门三道，贯通前后，上有"畅观阁"题额。

　　主楼上层与下层等大，分为中殿与东西两殿，滴水直落台座之外。重檐四坡顶，龙飞凤舞，雕梁画栋，十分壮观。

其楼上原为明朝迎王迎妃、接诏报时之所，设有报时和仪仗用的大鼓两面，小鼓24面，云板一面，点钟一只，牙杖四根，铜壶滴漏一架和三眼画角24板以及其他乐器等。

史料记载，鼓楼定更所用之鼓共25面，一面主鼓，24面群鼓，这是依据我国农事的24节令而设置。

南京钟楼建于1382年，位于南京鼓楼的西侧，精巧别致，规模较小，为重檐六角攒尖顶，灰筒瓦屋面，高14.5米，以六根铁柱支撑，上架六角交叉铁梁，用以悬挂大钟。

铁柱钟亭由"金陵机器局"制造。柱上铸有铭文。大钟亭与鼓楼成犄角之势，处市中心，一钟一鼓，晨钟暮鼓，适得其所。

我国古代都城都置有钟楼、鼓楼。原来，在南京钟楼旁有个铸钟厂，曾先后于1388年、1392年铸造了两口紫铜巨钟悬挂于大钟亭内。

其中一口钟高3.65米，口径2.3米，底边厚0.17米，重23000千克，

造型精美，古色古香，钟顶铸阳纹莲瓣一周，钟体上的字迹、花纹都十分清晰精致，上铸铭文"洪武二十一年九月吉日铸"，其声音洪亮，数里可闻，是南京当时最大的一口铜钟。

传说，朱元璋当年攻打南京集庆时，连攻数日都未成功，于是他便用牛首山宏觉寺中23000千克重的青铜钟熔铸成一批大炮，并许愿日后打下江山定将重铸一口同样的铜钟还于寺中。

朱元璋在南京建都后，命八大王之一的蕲国公康茂才铸造大钟，且对钟的规格、花纹、重量都有严格规定，要求钟的顶部铸阳纹莲瓣一周，提梁上饰以云纹和波浪纹，用紫铜浇铸，而且钟声要能响彻百里。

康茂才想尽办法，也很难如期完成，于是工期一再拖延，最终惹怒了朱元璋，限其三日内一定要铸成，否则将有杀身之祸。

圣旨一下，康茂才左右为难，他的忧愁被三个女儿得知，她们不愿见到父亲和众多工匠身首异处的悲剧，于是就借鉴春秋时期莫邪以身祭剑的做法，在限期临近时，义无反顾地纵身跃入冶炼炉，溶入铜液，一瞬间，冶炼炉内青烟骤起，直上九霄，大钟也因此一举铸成。

三个孝女舍身救父，世人深受感动，人们建祠立像纪念她们的孝心和献身精神，建了三姑庙，内设神钟楼，以怀念她们的孝义和献身精神，这口钟被称为"神钟"。为此，后人有把此钟称神钟者，并于此建三姑庙，以祀之，门旁对联道：

三妹孝义垂青史；
千斛铿钟声白门。

知识点滴

在明朝洪武年间时，南京鼓楼堪称是明朝都城的象征，而自当时流传下来的几首歌谣，则更好地诠释了古都南京"暮鼓晨钟"的传说。

当初没有钟表计时，南京鼓楼每天按更击鼓，以催促文武官员勤于政务，提醒百姓勤于劳作，因而有歌谣："警钟一敲震官心，不懒不贪勤为民。衙门高悬如明镜，大公无私不讲情。""洪武鼓楼有报时，暮鼓晨钟声声至。震醒官员为民思，催得百姓莫起迟。"

明朝实行宵禁，百姓按钟鼓声作息，所以有歌谣说："黄昏竖耳听鼓声，十三快马朝外奔。莫等关了大城门，妻儿老小不见人。""鼓楼城门八丈高，楼顶钟声紧紧敲。家里米缸快空了，不许老爹睡懒觉。"

清朝时期重建南京钟鼓楼

　　明朝末年，南京鼓楼只留下了城砖砌成的台基，而主楼的上下层都被摧毁，明初楼宇和器物早已无存，仅下部的台座和台坪上的石柱基础留存了下来。

　　此后至清康熙朝以前的江宁的城市地图上，不但明确地标注了鼓楼的位置，而且还都清楚地画出了钟楼的位置。

　　1684年，清康熙皇帝为根治黄河、了解民情、整顿吏制到南京巡

视时，曾登临鼓楼城阙，他放眼鸟瞰南京古城，一时感慨万千，于是就在楼上训示地方官员，告诫他们要清廉职守，奉公守法，惩治腐败。

次年，**两江总督王新**就命人在此建碑，将康熙皇帝的"圣谕"刻成了"圣谕碑"，也称"戒碑"，碑高两丈余，承以龟趺。立于鼓楼台基座的正中。

为保护圣谕碑，清朝当时重建了一座三开间的木制鼓楼，规模比明代的鼓楼要小得多，也简陋得多。

这次鼓楼重建，除了圣谕碑，还有龙凤亭，鼓楼也由此更名为"碑楼"或"畅观楼"，同时它还有"诫碑楼"与"碑亭"的别称，有"明鼓清碑"之美称。但当时的南京民众仍然习惯性地称之为"鼓楼"，"戒碑"则是南京遗存下来的最完好的一座古代石碑。

后来，康熙皇帝曾下令扩建南京钟鼓楼楼宇，三层总面积约在15000平方米。在清乾隆年间，乾隆皇帝曾经七次下江南，其中三次都专程去到了大钟亭，并亲自提笔御书"三姑殿"三个大字匾额，命人悬挂于大钟亭内的门头上。

在晚清时，清朝维修改建南京钟鼓楼，改建的鼓楼中为大殿，周边有柱础回廊。大殿为两层，屋顶为歇山顶重檐四落水木结构。重檐翘角下雕有凤立于花丛山石上、双狮戏球等吉祥物和套叠彩绘图案。

在鼓楼的顶层上，有一座摆放在玻璃罩中的龙凤塔，是清慈禧太后60岁大寿时，地方官员所送礼物。

"龙凤塔"又称"龙凤亭"，安放在康熙南巡"戒碑"两边的一对龙凤亭，交相辉映，古朴典雅，。龙凤亭高4米、圆3.5米，外观呈塔形。龙凤亭为六角七级二层结构，外镀金箔，金光熠熠。

龙凤亭各级都有极精细雕刻的人物或植物、动物画，金光闪烁。从下至上有人物，皆为武士出征，三国故事人物等；有花鸟，葵花、天竹、青松、芭蕉、万年青等。二层隔离刻有六大骑士，六根亭支架上，凤上龙下，六龙抱柱，六凤呈祥；亭子上部由飞鹤、荷花盖顶。整个龙凤亭，呈现出一幅幅优美图画，造型紧凑协调，生动精美，其雕刻工艺极为精湛，为世人所称赞，具有极高的观赏价值。

清光绪年间，清朝在南京鼓楼东北侧新建了铁梁铁柱的六角大钟

亭，在清初坠落的大钟，被江宁布政使许振祎悬挂在了大钟亭内。传说，自大钟悬挂到钟亭梁上之后，声音更加洪亮了。钟鼓楼积淀厚重的历史文化。在南京钟鼓楼内，就有一副久负盛名的对联：

钟鼓楼中，终夜钟声撞不断；

金科场内，今日金榜才题名。

知识点滴

据史书《洪武京城图志·楼馆》记"鼓楼在今北城兵马司东南，俗名为黄泥岗。钟楼在鼓楼西。"在《洪武京城图志·楼馆》所附"楼馆图"和"官署图"中，钟楼分上下两层，下层作城阙状。与鼓楼底设三门洞不同的是，钟楼底层仅有一个相贯通的门洞，其上为木结构楼阁。

又据史书《明一统志》称"钟楼在府中云雾街西，鼓楼在云雾街东"，而《同治上江两县志》称"二县城内图"中钟楼则在鼓楼略偏西南方向。

上述记载中，钟楼具体位置虽有详略之别，但位于鼓楼之西却是一致的。

明清城墙

　　城墙是我国古代城市的传统防御设施，是由墙体和其他辅助军事设施构成的军事防线。明城墙是明代初年在明太祖朱元璋采纳学士朱升"高筑墙、广积粮、缓称王"的建议指导下建成的。

　　城墙完全围绕"防御"战略体系建造，包括护城河、吊桥、闸楼、箭楼、正楼、角楼、敌楼、女儿墙、垛口等一系列军事设施，城墙的厚度大于高度，墙顶可以跑车、操练，非常坚固。

　　明清城墙比较著名且保存完整的有江苏南京古城墙、陕西西安古城墙、湖北荆州古城墙和辽宁兴城古城墙等处。

集城池建造大全的南京城墙

在春秋战国时期，南京属吴国，相传公元前495年，吴王夫差在此建立冶铁作坊，铸造兵器，取名冶城。

公元前472年，越王勾践灭吴之后，企图进一步吞并楚国，他看中了位于现在南京中华门的长干里一带，遂召见他的谋士范蠡监理建城，定名"越城"，又叫"范蠡城"。

当时的"越城"很小，城周长只有约1千米，占地面积也只有60000多平方米，称作"越台"，这是南京有军事城堡的最早记载。

公元前333年，楚威王灭越，又在南京清凉山筑城，称为"金陵邑"，这时

的南京也被人称为"金陵"或者"石头城"。

211年，孙权将其统治中心从镇江迁至秣陵，并改秣陵为建业。第二年，在清凉山麓金陵邑的旧址上兴建石头城，作为江防要塞，从这时开始，石头城一直是南京的代称之一。

229年，孙权在武昌称帝，同年迁都建业，这是南京历史上第一次成为封建王朝的都城。其后，继东吴在南京建都的有东晋、宋、齐、梁、陈，史称六朝，时达300多年。

六朝的建康都城大体依东吴旧制。南京以前唯有土墙篱门，480年改立砖墙。全城分为南北两个部分，北部置宫城，南部置中央和地方各级衙署。宫城以北为皇家苑囿，居民则大多住在南城以外，以秦淮河和青溪两岸最为稠密。

元代末年，朱元璋要大展宏图，就必须要有稳定的根据地，这样当时叫做"集庆"的南京城就进入了他的视线。

1356年，朱元璋攻占集庆，并改名应天府，自称吴国公，同时采用"高筑墙"的政策建造坚固的城池，稳固应天府的根据地。

　　自1360年至元灭亡期间，朱元璋在政治、军事等各方面开始占绝对优势。在此背景下，为建立新王朝、登基皇位，朱元璋在应天府城池的基础上重新设计规划，并于1366年开始大规模建造城池。南京明城墙600多年的风雨历史由此开始。

　　明代对南京城墙的修建分为宫城、皇城、京城和外郭几大板块。宫城，俗称紫禁城，为都城核心，偏于南京京城的东隅，有御河环绕。

　　1366年，朱元璋下令兴建应天府宫城，经宰相刘伯温勘测，宫城位置适合建在钟山"龙头"之前，因为此处有"帝王之气"，这一带正是南北朝梁武帝长子萧统去世所埋的燕雀湖所在地，于是，朱元璋便下令填湖来做宫城的基地。

　　朱元璋调集几十万民工填湖，由于湖广势低，填湖工程十分浩大，需要大量的土石，所以在南京的民间有"迁三山填燕雀"的传说。

据传，当年由于湖水盈满，填湖工程进展缓慢，朱元璋很焦急，多次来湖边微服访察，后采用了一个名为"田得满"的老农"移三山，填燕雀"的计策，才填平了燕雀湖。

燕雀湖大部分被填平后，为了避免地基下沉，朱元璋又命人在城墙下部铺垫巨石，在宫殿下面打木桩，并铺砌砖石结构的大型下水道以稳固地基。尽管如此，到了朱元璋晚年的时候，宫城还是出现了地基下沉的现象。

在当时，帝王宫城建设，一般是就南低北高的地势而建，取意为步步升高，一代更比一代强，江山可以万代相传。

明宫城下沉后，呈南高北低态势，依阴阳家之言，这是绝后和丧败亡国的征兆。这令朱元璋追悔莫及，但此时他已经年老力衰，虽有

迁都的愿望，却已力不从心了，只好在一篇《祀灶文》中哀叹说：

兴废有命，唯有听天。

南京宫城建成后，南北长达2.5千米，东西宽达2千米，平面呈长方形，坐北朝南，分前朝三大殿和后庭六宫两部分。在宫城城墙上开筑城门有午门、左掖门、右掖门、东华门、西华门和玄武门。

皇城是护卫宫城的最近的一道城墙。城墙上开筑城门有洪武门、长安左门、长安右门、东安门、西安门和北安门。

皇城的外围，还筑有一道都城的城墙以加强防卫。这部分都城的东南角，在通济门附近与宋元时期的旧金陵城相接。

皇城兴修完毕后，朱元璋就着手向北拓宽都城。但是，在开始时他还拿不定主意，究竟是沿着玄武湖南岸的覆舟山和鸡笼山麓的六朝建康城北墙向西筑，还是沿着玄武湖的西岸向北筑。

起先，他是倾向于利用建康城北墙向西延伸到鼓楼和清凉山一带的。鸡鸣寺后俗称为六朝"台城"的一段城墙，已在明代进行过加固和改筑，并在鸡笼山的北麓中断。如果按照这一方案，明初的都城就只有留下来的三分之二大小。

事实证明，朱元璋后来废弃了这一方案，而沿湖向北筑城，这可能是更多地考虑了巩固江防的需要。

但是，这个方案的工程量很大，沿线都是山冈丘陵地带和人烟稀少的地方。于是，建造者先通过秦淮河的入江孔道，将建筑材料从水路运到汉西门和龙江关一带，再分段建筑，并且充分利用了沿线的黄土丘陵，以增加城墙的高度。

最后分别自神策门向南，自鸡鸣寺后向北筑"后湖城"，充分利用了六朝时的"十里长堤"，从而完成了应天府城的全部工程。

这座作为明代初年都城之用的应天府城，是明代我国最大的一座城池。即使与同一时期普天下范围内的大城相比，也是首屈一指的。

传说，朱元璋建筑好应天府城以后，就带着他的儿子们登上钟山观察都城的形势。他们发现宫城离钟山太近，如在山上架炮，皇宫很容易被击中，而且还有一些其他重要制高点，也对城防非常不利。于是，朱元璋又于1390年下令建造外郭城。

这座外郭城主要是利用应天府城外围的黄土丘陵筑成，只在一些防守薄弱地段加砌一部分城墙并开设城门16座，所以俗称"土城头"。周长实际上有60千米左右，各段砖筑的部分加起来计20千米。

外郭呈菱形，最北城门为观音门，最东为麒麟门，最南为夹岗门，西边的外郭城墙未合围，留下南北两豁口分别延伸至长江边。

从东郊的麒麟门起，向北经过仙鹤门、姚坊门、观音门、佛宁门、上元门，直到江边的外金川门。从麒麟门往南，经过沧波门、高桥门、上方门、夹岗门、凤台门、大小安德门、大小驯象门、江东门和栅栏门，也止于江边，其中外金川门和栅栏门是明代晚期所开的。这就是一般所说的南京有"外城门十八"。

明代南京城墙经历600多年的历史沧桑，仍旧昂然屹立，忠诚的守护着这座城市。它不仅是我国古都中保护最为完好的古代城墙，也是世界上保存下来的最大的一座古代城墙。

有人形容南京明城墙是"人穷其谋、地尽其险、天造地设"，此言不虚，南京明城墙的四重城墙结构在世上独一无二，不仅如此，其城门和墙体的建造、防排水与护城河的设计也显示了非同一般的智慧。

城门是衔接城市内外的交通要道和观瞻之所在，也是古代城墙攻防战中的焦点。为此，朱元璋等人在南京京城城门营建中，煞费苦心地数次对城门进行修葺、增筑改制，以壮其势、瞻其观。

明初建城时，南京城共开城门13座，包括正阳门、通济门、聚宝

门、三山门、石城门、清江门、定淮门、仪凤门、钟阜门、盆川门、神策门、太平门和朝阳门。每座城门均有相当规模的城楼，并有数道木城门和千斤闸。

门址位置依据城墙形制不求对称，依门设有瓮城。瓮城，是古代城池中依附于城门外的附属建筑。瓮城是我国古代冷兵器时代长期战争实践的产物，是我国古代城墙建造工程的一大发展，也是护卫城门建筑形式中一种成熟的建筑设施。造型多数为半圆形，少数呈矩形、方形等。外瓮城城门取向不一，形成相对独立的护卫城门的设施。

南京城墙的内瓮城，一反我国传统瓮城建造的旧制，将前人把瓮城设置在城门内的设想，大胆用于实践，并有了很大的发展和创新。因此，内瓮城的形制，为明初南京城墙首创。

由于内瓮城设置在城门的里边，就有条件设置瓮洞，即藏兵洞，将城门守御这一明显的薄弱部位，变成防御作战中的强点，这是外瓮城所无法做到的。

南京城墙城门的顺序是：

三山聚宝临通济，正阳朝阳定太平，

神策金川近钟阜，仪凤定淮清石城。

三山门、聚宝门和通济门，均为内瓮城，规模与气势均超过其他诸门，尤以聚宝门内瓮城为最。仅藏兵洞就达27个，第一道城门左、右各3个，城门上的楼基中设7个，均坐南朝北，以城基中洞为最大，面积达310平方米。

东西礓下面各设坐西向东和坐东向西的藏兵洞7个。这些藏兵洞平时用作储藏守城器械和军用物资，战时藏兵，可藏兵3000余人。

通济门的内瓮城，也非常壮观，特别是呈船形的通济门内瓮城，在增强城门防御能力的同时，又融入了强烈的艺术性和思想性，反映

了当时人们的审美情趣和某种愿望。

正阳门、朝阳门和太平门，分别位于环绕皇宫的南、东、北三面京城城墙上。其中，正阳门为皇宫南北中轴线的最南端，是外国使臣赴京朝觐入城必经之正门，而太平门外玄武湖之滨，则为1384年朱元璋设置的主宰刑杀大权"三法司"之所在。

神策门，是当前所知的南京城墙唯一的传统形制的外瓮城。有趣的是神策门外瓮城与聚宝门内瓮城几乎在城市同一条南北中轴线上，这一南一北，一大一小，一内一外的不同形制的瓮城。这也是明南京城墙建造中继承与创新的例证之一。

金川门、钟阜门、仪凤门和定淮门四门，位于南京城墙的西北角，濒临长江，是抵御江北进犯南京城的重要门户。

1402年，燕王朱棣率"靖难之师"渡江南下，如果不是李景隆、谷王在城内策应，打开金川门迎燕师入京，恐怕朱棣当时也难以顺利进城并很快登基称帝。

清凉门、石城门均置内瓮城单座。

坚固而形制各异的城门，是南京城墙绚丽多彩的一章，也是当年建造者设计思想的生动体现。城门的设计与建造，在充分满足城门防御能力的前提下，极力追求城门建造艺术上与恢弘雄伟、形制独特的南京城墙主体协调，达到浑然一体、相映成趣的效果。

城墙最本质的原生价值之一，在于具备冷兵器时代的军事防御功能。城墙最初由土垒、土石混筑、砖石砌筑其表皮，发展到南京明城墙大规模采用砖石构造，逐步趋于完善的过程，与兵器的发展有着密切的联系。

南京明城墙的建造者们在无数次实战中，积累了丰富的经验。因此，南京明城墙在军事防御功能上，针对当时的攻城器械和火兵器，结合南京地区地形、地貌，无论在城墙的高度、厚度、基础、建材、

城墙关键部位的设防，其城防建筑体系，都达到了我国城墙建筑较完美的程度。

南京地处雨水丰沛的江南，丘岗连绵，河湾如织，湖泊池塘星罗棋布。城墙择址的地段或山石嶙峋，或低洼松软，或平坦如砥。为防止高大的城墙下陷、开裂、倾倒，建造者根据工程的要求，采取了不同的科学处理方式。

有的顺山势而建，城墙与山体岩石连接成整体。有的深挖基础至原生土，上铺巨石为基，挖不到原生土的低洼地段，还打下10余米长的木桩，上面铺设圆木井字形木排，借以转嫁城墙压力。

用于南京城墙最大的条石，每块重达500余千克，城砖每块一般重10余千克，层层叠叠垒砌成高达12米至24米、底宽8米至27米、顶宽3米至18米的墙体，其重量可想而知。如此沉重的负荷，城墙能够依然屹立，与牢固的基础密不可分。

南京明城墙在砌筑中，对不同地段采取了不同质地墙体的处理方法和特殊的黏合材料。有的地段用石灰岩和花岗岩的条石作为城基、勒脚和部分城墙内外壁的主要材料，有的地段全部用城砖垒砌。

还有的地段以条石、城砖砌筑墙面，中间填以片石、城砖、黄土混合夯筑等。黏合墙体的材料十分坚固，以至留下了用糯米汁加石灰等灰浆建造的说法。

南京明城墙的防、排水系统科学适用，功能包括城墙自身防水、排水和对城区的防水和排水两部分。

城墙填层上部，采用桐油、石灰、黄土拌合的灰浆封顶夯实，厚约2米，在其上面和沿墙体两侧直至墙根用灰浆砌筑多层城砖。墙体顶面设置了石质排水明沟，在其明沟约50米距离设置石质出水槽将水排出墙体。

城区的防水和排水系统，主要是利用城墙底部设置的水关和涵闸。在秦淮河出入口处分别建有东水关和西水关，水关设有闸门三

道，前后两道为木闸门，中间设铁栅门以防潜水入城之敌。

东水关内侧还设有33座瓮洞，分为三层，上面两层为藏兵洞，中洞可通船，下层通水。

此外，还设有金川河闸、玄武湖的"通心水坝"，即武庙闸、前湖的半山园闸与琵琶湖的琵琶闸等多处涵闸。这些涵闸，设有铜、铁管和铜水闸，只能进水不可进人，设计巧妙，结构合理。

环绕南京明城墙的护城河，是南京明城墙的一个重要组成部分。护城河的水源，来自秦淮河、清溪、金川河以及玄武湖、前湖和琵琶湖等，经对城墙外侧河道疏浚、开挖，引导河水入濠而成。宽阔的护城河水面，衬映高大的南京城墙，使进犯之敌望而生畏。

明南京城门外护城河的桥梁，是人流车马往来的要道口，故大多以坚硬的石质材料为主要构件。例如石城门外的石城桥、三山门外的三山桥、聚宝门外的聚宝桥、通济门外的九龙桥、正阳门外的夔角桥、朝阳门外的平桥等。

明初建造在相关河道上的著名桥梁中，最大的石拱桥是上方桥，即七桥瓮，由于这座桥是拱卫京城的门户，以至成为历代兵家的必争之地。

在明初建造的桥梁中，明初称为"大通桥"，民间又俗称"赛工桥"或"赛公桥"，后来又称为赛虹桥。桥梁与南京明城墙的建造，传说故事最多。

南京明城墙的建造，历经洪武一朝。在城墙的结构、瓮城的创新、护城河水源的利用、水关涵闸及桥梁的设计等诸多方面，汇集了古代劳动人民的聪明和才智，是元末明初劳动人民用心血筑成的一座丰碑。

南京城墙在建筑上颇有特色，它不仅以格局奇特引人注目，而且其坚固的墙身，不规则的形状，以及高质量的城砖和城砖铭文等都显

示了明代建设者的非凡智慧。

一是格局罕见的城都。我国历代君王建都，都习惯取用方形，明城却违背古制，呈不规则形，依山形地势而成。它利用南唐都城南面和西面的城墙拓宽加高，并向东、西延伸，依山据水，转而合拢。

关于南京城墙的形状，有宝葫芦形、宫扇形、粽子形等说法，甚至还有人说像朱元璋的脸。实际上，我国古代都城的营造都讲究风水，他们是通过法象天地和宇宙中心论来突出皇权的神圣、正统和神秘。

南京明城墙的整体布局为天象的"南斗星"与"北斗星"聚合形。因为北斗为七星，南斗为六星，所以南京有13个城门。

如宫城依紫微垣布局，紫微星是天帝所在，其后有华盖星，宫城最重要的上朝的奉天殿后也有华盖殿，宫城的金水走向和银河完全一致。

皇城依太微垣布局，太微垣主要由十星构成，皇城亦在御道两侧设吏、户、礼、兵、工五部和中、左、右、前、后五军都督府，端门星是太微垣南门，皇城亦同样设端门。

都城按天市垣布局，最典型的例子是刑部，刑部不和其他五部同在皇城内，而是和大理寺、都察院一起放在皇城以北的太平门外，对应天市垣的贯索星，即天牢。据《明太祖实录》记载，朱元璋说："我要夜观天象，如果有流星经过贯索星，就表明有冤案，我就要处罚你们。"

南京明城墙在南斗位置的建筑材料是青条石，而北斗位置却是城砖，城砖又被称为官砖，老百姓是不能随意买卖和使用的。

就连当时富甲一方的沈万三捐修的城墙也只是在南斗方位，也不能使用官砖。青条石和官砖的使用把北斗和南斗清楚地区分了出来，也把南京明城墙的格局清晰地展现在人们的面前。

二是坚固雄伟的墙身。南京城墙墙身分墙基、墙身、雉堞三个层次。大部分城墙都先用花岗岩或石灰岩的条石作基础，上面再用规整统一的巨砖垒砌内外两壁和顶部，内外壁之间常用碎砖、砾石和黄土层层夯实，许多重要地段则内外两壁从顶到底全部用大块条石砌筑，

或两壁用条石砌筑，中间全用砖砌。

整个墙体取梯形堆砌，下宽上窄，以保持平衡稳定；城砖砌筑每层犬牙状接榫相咬，增加内部拉力；城墙基础底部，一般深入地面以下两米至五米，底脚宽于城墙两米，以保证城墙基牢固。

城墙顶部和内外两壁的砖缝里，都浇灌一种"夹浆"，即用石灰、糯米汁、高果汁或加桐油掺和而成的黏状体，这种"夹浆"凝固后黏着力很强，能保持墙身经久不坏。

城墙的墙顶用砖铺成地面并砌成雉堞，并安置石刻的泄水槽以排出雨水。墙基部分间隔设置排水洞，以排除城墙内侧的积水。

在城墙砌筑水平上，南京明城墙达到了我国古代筑城史的最高水平，墙体厚高且坚固，巍然屹立的明城墙一直守护着南京的主城区。

三是最高质量的城砖。南京城墙所用巨砖，一般长0.4米，宽0.2米，厚0.1米，实物标本则有略大或略小于该尺寸的，这是制作中的误差。每块砖重为10千克至20千克。砖分瓷土砖和黄土砖两种，后者占绝大部分。

南京明城墙所用如此巨量的城砖，究竟依靠哪些区域烧制并提供？据考证，南京明城墙所用城砖，分别来自长江中下游的广袤地区，其中包括江苏、江西、安徽、湖南、湖北五省的府、州、县，以及军队卫、所和工部营缮司等近两千个单位承担组织人力制坯和烧造。

为了确保建造南京京师城墙的城砖烧造质量，朝廷要求各地府、州、县地方官员，军队卫、所的士卒，以及县以下里、甲的基层组织负责人，直至造砖人夫、烧砖窑匠均需在砖上留下姓名，以便验收时对不合格的城砖追究制砖人的责任。

这种严酷的"责任制"，保证了南京明城墙建造过程中的高质量，城墙上的墙砖依然叩之清脆有声。

四是城砖铭文文化。南京明城墙，据初步估算共耗费了数亿块城砖。由于城砖来自各地，故其城砖材质的土性也呈多样性，如有黏土、沙土、高岭土等。

这些城砖大多数留有铭文，少则一字或一个符号、记号，多则70余字，这不仅是南京明城墙的一大特点，也是南京明城墙历史文化的重要组成部分。

南京城砖铭文的书写者，大体可分"书斋式"与"民间式"两类。前者属官府内的官吏文人、乡间秀才，也许只要没有写错，就不会有杀头之虑的缘故，其字体流畅工整，点、撇、钩、捺极具文人气息。

后者属于粗通文墨、甚至没用笔写过字的工匠，当砖坯出模后，只是拣了身边的一根小树枝，在砖的一侧小心翼翼留下所在县、甲以及自己的名字，稚拙的字体上透出几许村野之气。

　　城砖铭文的字体，篆体、隶体、魏体、楷体、行体各体皆备，蕴含着淡淡的金石味。其中有一种书体最具神韵，在我国书法字典上，也难找到它的归属，却一笔一画不扭不颤，那是来自民间的书法艺术。

　　从铭文技法上，又可分为模印、章印和刻画三种形式。其中，铭文的双线模印由于字体的笔画较细，故对制砖泥土的质量有较高的要求。

　　南京明城墙的城砖铭文，为后人留下了极其丰富的文化信息和十分珍贵的历史资料，有些填补了史料的不足。为我国历史学家进一步研究南京城砖产地的分布，我国汉字在明初的简化字与异体字，我国民间的书法、篆刻艺术，我国姓氏文化在明初的演变以及明初实行的责任制等，提供了翔实的第一手资料。

通过对城砖铭文的研究，还能发现不少明以前烧制的城砖和一定数量明以后的为修葺城墙而烧制的清代城砖，为我们认识南京城墙的发展和变迁，提供了实物佐证。

明代南京城集我国古代城池建设之大成，其平面布局突破我国都城方正的传统，从军事防御出发，因地制宜，使城墙穿插在自然山水之间，雄伟、古朴，迤逦曲折，蜿蜒起伏，形似蛟龙，山水城林，相得益彰。是我国劳动人民智慧和血汗的结晶，是中华民族的伟大创造和骄傲，也是普天之下城池建筑史上的雄伟奇观。

知识点滴

在南京城墙中有一段百余丈长的城墙，传说这是朱元璋的一位宠臣负责督造的。这位大臣不把造城墙的事放在心上。眼看到最后期限只剩十来天，时间根本来不及了。

这位大臣急坏了，想出一个主意，用大毛竹把这百余丈地方搭成一个大栅栏，筑在城外一道宽阔的河边上。

完工的期限到了，朱元璋带着文武大臣从聚宝门一路巡查，由于河道太宽，谁都没有发现问题。大臣刘基还夸赞道："皇上，城外挖一道护城河，这个办法太好了！应该命令城外都挖，与这里连接，出入城门要过桥，岂不更加安全！"

朱元璋一时高兴，赏赐了那个宠臣。可事隔不久，事情败露，朱元璋大发雷霆，以欺君之罪杀了那宠臣等一帮人，重新补筑了那段城墙。

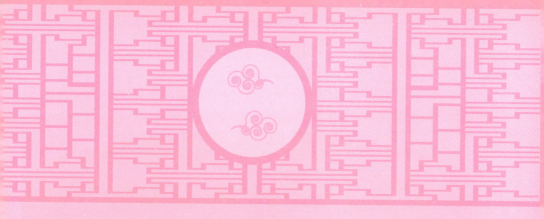

兼具防水功能的临海城墙

　　我国的城墙，非常注重地形的选择，往往依险而筑。如果在山地，则多建在山脊或陡崖上，使之更加高峻难攀。如果在平地，则通常选择江河沿岸，以形成江河和城墙两重障碍。

　　浙江台州临海古城墙的营建，就充分考虑了地理环境。我国人文地理学的开创者、明代临海人王士性在《广志绎》中以两浙"十一郡

城池，唯吾台最据险，西、南二面临大江，西北巉岩插天，虽鸟道亦无"的描述，简洁地勾勒了它险要的地貌。

城墙的北面在北固山上随势逶迤。北固山，旧称龙顾山，因其山形酷似一条首尾相顾的卧龙而名。此山山形险要，自古以来就是临海的天然屏障，固若金汤，所以又被称为大固山，又因其横贯临海城的北面，多称之北固山。

北固山的西北角是山的最高处，西面城墙从这里开始南向急下，下至山脚便是城的西门朝天门。从朝天门开始继续南伸，然后转而向东，直至东城墙，西、南两面统统濒灵江而筑。

灵江如一条巨大的玉带，箍在古城的腰际，成为古城天堑。城墙砖砌，周长约6.3千米，平面大体呈方形，因东墙被拆，为"C"字形半围合状。北墙长约2.3千米，是后来在原墙的墙基上重修而成的。西、南两面沿江城墙长约2.4千米，高度一般为7米，有靖越、兴善、镇宁和朝天四门瓮城。

城墙以主体墙身为线，以敌台、城门瓮城为重点，点线结合、以点护线，形成了完整的防御体系。墙身是防御敌人的主体，断面上小下大成梯形，使之稳定不易倒塌。城墙外侧迎敌方向筑有齿形垛口。

每个垛口的上部有一小口叫瞭望口，用来瞭望来犯的敌人。垛口下部有一小洞，叫做射眼，用来射击敌人。内侧筑有较矮的女墙，以保护人马不至于从墙顶跌落城门。

敌台分为两种，一种是骑墙的空心敌台，一种是凸出一部分于墙身以外的墙台，俗称马面。空心敌台是明代戚继光的创造，骑墙而建，高两层，有梯相通。上层为平台，平台四周有齿状的垛口和射孔，有指挥和防御的双重作用。

下层为空层，可驻军和贮存武器。马面外侧砌有垛口，战时可从侧翼射杀敌人，阻止或削弱敌方的攻城能力。

城门平时是进出的通道，战时是反击敌人的出口。门洞内装有巨大木门。城门上方筑有城门楼，是战斗的观察所和指挥所，也是战斗据点。

在预想敌人主攻方向的城门外则筑有"∪"形的瓮城，大城外套了个大瓮般的小城，增大了防御纵深，加强了城门的防御能力。

临海是诸水交汇之地，又近东海，一旦出现暴雨，兼以东海大潮倒灌，不得流泄，必成汪洋。历朝历代，水灾频繁，其严重程度令人毛骨悚然。

洪水甚至比战争更加威胁着古

城，元代学人周润祖在《重修捍城江岸记》中就曾明确地指出：

台固水国，倚城以为命。

也正因此，古城在宋元交替之际逃过了一场大劫。元统一全国以后，担心各地割据抵抗，因此下令尽堕天下城郭，而台州府城临海恰恰例外，就是因为它还具备了防备水患的功能。

从某种意义上说，府城城市防洪的作用和地位总体上还要超过军事防御功能，所以古城构造因防洪需要变得极其独特。

一是城门构造独特，除采用大木门启闭外，在木门外侧做好防洪闸槽，每逢大水，便用槽木叠闭。此外，为防城门进水，大门的高度均明显高于城门的拱券。

二是马面构造独特。普通马面都呈方形外凸之状，唯独临海不然，在西南临江迎水一带的马面，采用方弧结合或方斜结合，迎水面

做成圆弧或斜形，这对军事防御不会造成多少影响，但大大降低了江水的冲击力。这就充分显示了临海人民的创造性，在全国古城墙中尚属孤例。

三是在西、南两面沿江一带城墙的外侧固以捍城，内侧则加筑护城，以增强其防洪能力。捍城沿城角而筑，宽一米半、高两米左右。护城与捍城相似，但比捍城要高。捍城和护城是台州城一大特色，大多城池没有这一形制。

城市防洪功能，不但使台州府城在构造上独树一帜，更因其功能的特殊性避免了出于政治需要的毁城行动，延续了古城历史的完整性，被誉为"江南长城"。

"不上古城走，枉在江南游"，飞舞盘旋的古城墙是一道亮丽的风景线，镶嵌在古城中心。

这座江南长城，从东北角的览胜门出发，穿过"雄镇东南"石牌坊，登上198级的好汉坡，便是雄伟的览胜门，门上有楼，楼名"顾景"。

览胜、顾景，说得不虚。回首四顾，视野开阔，远可观巾山叠翠，群塔笔立，近可赏东湖毓秀，车水马龙，湖光山色皆在一览之中。

从顾景楼往前，便是江南长城最为陡峭的"百步峻"。上了百步峻，一座高楼巍然耸立，虎踞龙盘，便是城墙东段的最高点白云楼了。楼高多白云，常在飘渺中，令人心驰神往。

白云楼往下，山势渐缓，两侧古木苍翠，城墙掩映在青绿丛中，更显灵秀。雉堞连云，高高低低，曲曲折折，便如平平仄仄的长短句，骑墙的敌台，便做了它的句逗。一阕古词，便在山间婉转吟唱。

　　至北固门，过门百米，有一处三层九重环的白色建筑，是望天台。望天台是元末农民起义领袖方国珍筑台祭天称王的地方，一派皇家气象。一段远去的历史，传来悠悠回响。

　　从望天台沿城墙而下，便是烟霞阁。滚滚灵江，阁下而过。每当夕阳西下，霞光映射，水气如烟，烟霞阁因而得名。烟霞阁往下，山势陡峭，逶迤曲折，被誉为"江南八达岭"，岭脚即是朝天门。

　　到了朝天门，城墙不再踞山而构，而是傍江而筑。过朝天门，在墙上行走，便如履平地，非常轻松了。途中经望江门，再经镇宁门，然后至兴善门，侧绕巾山，达于靖越门，到灵江大桥附近。

　　这一段是古城墙中最具特色的部分，完好的城门及瓮城，构造独特的、为减缓水流冲击而设置的马面，令人驻足。

　　墙台上时不时出现一门威武的铁炮，隐隐传递几分争战之气。墙外则是一派开阔平和的江南景致，灵江如带，波光闪烁。远山献翠，环抱而去。

古城墙不但自身就是一道风景，妙的是还把临海的主要景点串成一线，"平波数顷万峰前，一片丹青画不全。幽榭小桥横翠水，茂林修竹锁轻烟。"其中三个出口，每一个都通向一片风景。

北固门旁为城隍庙的出口。城隍庙历史悠久，香火旺盛，最引人注目的是庙旁一棵有着1400多年树龄的隋代古樟，虽被雷火劈过，却依然顽强地生长着，铁骨铮铮，叶茂枝旺，生机盎然。

朝天门外则是西门古街。西门古街是台州府城历史上西出通往杭金衢的必经之路，状元楼、迎春里、灵江酒坊等标志性建筑古色古香，百年老店重新开放，再现了千年府城浓厚的人文历史和当年繁华的商业盛况。

在兴善门外则是龙兴寺、紫阳古街和巾山。龙兴寺始建于唐，为鉴真大师第四次东渡扶桑住锡之地，又是日本佛教天台宗创始人最澄大师求法受戒的母寺，是中日文化交流史上一个重要的驿站。寺内千佛塔挺拔俊美，是台州唯一的元塔。

从龙兴寺往西10余米，便是紫阳古街。紫阳古街因紫阳真人而得名。紫阳真人即道教南宗祖师张伯端，为南宋台州人。长约千米的古街上，弥漫着古建筑、古石板路、古商店、古迹名胜、古民俗风情的"五古"之味，得慢慢品，才品得出滋味。

龙兴寺往上即是巾山。巾山古称"一郡游观之胜"，双塔参天，秀绝江南，名胜古迹众多。临海城墙恰似一壶浓浓的陈年老酒，在历史与文化的土壤里越埋越醇，扑鼻的香气吸引着越来越多的人前来领略它独到的风采。

知识点滴

戚继光和他的戚家军令"东南海寇，闻之胆寒"，此后百年之间海疆清平无扰。 谭纶和戚继光的抗倭大捷，城墙起了很大的作用，朝野之间都有所闻。

到了1567年，北方游牧部落又频繁南下侵扰，于是朝廷计议修复京北长城来抵御北方敌寇。于是，谭纶和戚继光奉召回京指挥修城抗敌。

但是北方兵士没有建造空心敌台的技术，于是急调3000台州"南兵"来到北方，指导和监督，从此以后，包括"八达岭"长城在内的北方城墙也有了这些先进的设施。

从时间上说，是先有了临海古城墙，才有了明八达岭长城。从技术上说，临海城墙是明"八达岭"长城的范本。两段城墙，一脉相承，把临海古城墙称作江南"八达岭"是非常妥帖的。

衍生众多传说的寿县城墙

　　安徽寿县古称寿春、寿阳、寿州，曾为历代州郡府治所。寿县古城墙，是我国保存最为完好的宋代城墙，明清时多有修葺。

　　寿县为淮上军事重镇，兵家争夺之地，历代征战不息。寿县作为战略要地，2000多年来几经变迁，其城防设施随着军事技术的发展，

也愈加坚固齐全。

据考证，寿县筑城始于楚迁都寿春之时，故城范围很大，北傍淝水，著名的秦晋淝水之战就发生在这里，战事尤为频繁惨烈。东临东津渡，西至城西湖，南至十里头，面积约25平方千米，是战国都城中仅次于燕国都城燕下都的第二大城。后来，因为年代久远，地貌变化，土城垣大多湮没于地下或破坏殆尽。

汉代以后，城址缩小至故城东北角，也就是寿县的城关一带，后代多沿袭其址。

保留下来的寿县古城墙型制，为南宋宁宗嘉定年间由建康的都统许俊重筑，外包砖石墙皮。几百年来，古城墙曾迭遭战争和洪水的破坏，历代均有修整，是我国保存完整的七大古城墙之一。

寿县古城墙平面略呈方形，旧有瓮城、谯楼之设，重关叠雉，制度森严。后来，楼台大部分已毁，但是城墙仍屹立于淮淝之滨，斑蚀剥离，历经沧桑。

古城东南两面有护城河，北环淝水，西连城西湖，四隅有河，东

北、西北隅各设水关一处。城置4门，东为宾阳门，西为定湖门，南为通淝门、北为靖淮门。

城垣保存完整，周长"十三里有奇"，大概在6.7千米左右。垛墙之下墙体高7.7米，底宽18米至22米之间，顶宽4米至10米。墙体以土夯筑，外侧贴砖，外壁下部用条石砌筑2米高的墙基。

城墙外壁贴砖石，底部1.5米，顶部为0.5米至0.8米，高1米。下部间隔2.8米设一高0.37米、宽0.2米的长方形射洞，射洞作壶门状，下口与城墙顶平。城墙砖石之间都是用糯米汁拌石灰等物弥合，非常牢固，旧有"铁打的寿州城"的称誉。

四门皆于城墙外再设瓮城，内外门洞均为砖石券顶结构。除南门外，东、北、西3门的瓮城门均与城门不在同一中轴线。

东为宾阳门，门内外两门平行错置，具有军事防御和防汛抗洪双重功能。

在宾阳门内，有五方大蛇吞象的石刻，这是寿州内八景之一的"人心不足蛇吞象"。

传说从前有个蟒蛇精违犯天条，玉皇大帝命雷公轰击它。蟒蛇精无处藏身，现出原形，化作小蛇蜷缩于尘土中。

适逢寿州城内穷秀才梅生郊游途中发现，将小蛇救起，带回家中喂养。春去夏来，小蛇逐渐长大，生活日益艰难。

一天，梅生在大街上闲逛，见众人围观皇榜。原来是皇太后身染重病，御医医治无效。榜告天下，有能治好皇太后病症者，可做京官。梅生暗想，我如有灵丹妙药治好皇太后的病，即可一步登天。

他边想边走，不知不觉就走出了北门，来到郊外北山丛林中，突然狂风大作，一条巨蟒出现在眼前，梅生大惊，大蟒口吐人言："梅相公别怕，你从前救过我的命，今天我将报答。"

梅生这才记起自己曾救过一条小蛇，便说："区区小事，何云报答！不妨事的。"

蟒蛇道："当今皇太后病，你从我腹中割下一块心肝，即可治好太后的病。"

梅生犹豫，蟒蛇道："但割无妨"。

梅生即手持刀钻入大蟒腹中割下一块心肝离去。

梅生进京治好太后的病，皇帝大悦，封梅生为宰相，放假三月回乡祭祖，耀武扬威。他转而想，荣华富贵皆过眼烟云，何不再向蟒蛇割一块心肝，以备日后自用，永保长生。

次日，梅生进入北山丛林寻得大蟒。大蟒此时已识破梅生乃良心不足之辈，念其曾救过自己的命，只得忍痛让其再割一刀。

梅生钻进蛇腹，意欲割下大蟒全部心肝。大蟒疼痛难忍，浑身抽搐，就用力把口一闭，梅生终于葬身蛇腹。后人将这件事称之为人心不足蛇吞象。

西瓮城门朝北，北瓮城门朝西，均与所在城门在平面上呈90度角，而东瓮城门与城门平行错置4米。

这种巧妙设置是基于军事防御上的考虑，即敌军突破瓮城后，需改变方向才能攻击城门，守军可乘机关门打狗，消灭瓮城内之敌。

在西瓮门城里，南北两壁上对称镶嵌着两方石刻，一面是锣，对面是鼓。这就是"寿州内八景"之一的"当面鼓，对面锣"。

据说在清朝乾隆年间，寿州来了一位新知县，上任不久，看到古城墙西段年久失修，已经多次倒塌，于是下决心重修。

于是通告全县百姓，有钱出钱，有力出力，同心协力，修复城墙。不料告示贴出一个月，却不见动静，这是为何？

他哪里知道"捐款捐粮修城墙"已叫喊了三任知县，他们装满了腰包，却没有修城墙一寸。有了前任血的教训，老百姓还相信这位新大人吗？

开工的日子到了，新知县并不因为寿州百姓不热心而泄气，一大早便带领衙役们扛着工具，来到西门脚下和几十位民夫一道挖土抬石，一直干到天黑收工。

这一下可引起人们的议论，有的说："县官大人都来修城墙了，人家千里迢迢来这抬土，还不是为的寿州！我们明天也去干吧！"

可也有人说："还不是做做样子骗人，一任比一任奸猾！"

可是到了第十天，新知县还在工地上劳动，又过了10天，还见他和民夫们一起运石块，不同的是现在不是几十人，而是几百人了。

城内城外的百姓们都自动参加修城墙劳动，一些商会栈行老板主动捐款赠物，支援修城，本来两个月的工程，40天就竣工了。

寿州百姓为纪念这位清廉的"父母官"，就在城西门内立了"当面鼓、对面锣"的石刻，表彰他说话算数，廉洁奉公的美德。

据《寿州志》记载，城墙原有"角楼八座，警铺五十五所"。后来仅保留下来了1处马面，3处敌台。马面位于城西北拐角处，俗称"地楼"。

马面凸出城外部分长2米、宽5米，高与城墙齐平，中空有石级递下，三面有射洞。3座敌台，一处在东门南160米，凸出城外廓，长3.5米，宽15.5米。一处在南门东500米，外凸2.5米，宽5米。

城外设有泊岸。泊岸，又称护城石堤，据《寿州志·城郭》载，石堤为1538年的时任御史杨瞻所创建。较以前堤高3米

到5米，宽10米，一边紧贴城墙外壁，另一边濒临护城河，皆以条石垒砌，既可增加城墙的坚固性，又能阻挡护城河水及洪水对城墙根基的冲刷。

两处涵洞实为水关，分别位于城东北、西北隅。涵洞始建年代失考，明清均有修葺。东涵壁有"崇墉障流"的石刻，为后来光绪年间在重修时，由吴中钱禄曾所题。

西涵南壁"金汤巩固"石刻，是在光绪时期进行重修的时候"辛庵彭城孙题"。两涵形制大体相同。如西涵，洞体方形，宽0.6米、深0.8米、长50米。其一端连通城内河渠，另一端伸出城外，经过城墙、石堤部分深1.5米。

涵周围起筑径、深均7.7米、厚0.5米的砖石结构月坎，坎与城墙等高。坎内壁设有石阶，可拾级而下，外壁围护厚实的堤坡。涵沟上封石板，设闸5道。

城涵月坎的设置，在军事上可防止敌兵从水道匿进偷袭，在水系上又具有重要的防水功能。人们可随时进坎启闭闸门，控流自如，既可避免内河积水的吞噬，又能消除外水倒灌的隐患。

寿县傍依淮淝水系，地势低洼，易受洪涝侵袭。古城犹如一道铁壁铜墙，除防御抗敌外，又是防洪的坚固大堤。

知识点滴

在寿县北门的城墙上，有一座庙，庙虽不大，但香火一直都很盛，怪处就在于整个庙无一根梁，但在风雨中矗立了几百年，不倒不坏。

无梁庙为砖石结构，面阔一间，进深一间，庙顶上部是红绿琉璃瓦覆盖，十字形九脊，四角各一转角，四沿12花朵仿木铺做。

上沿下沿各有浮雕画面19幅，皆为五色琉璃制造，内容有民间传说故事、历史人物传奇，如弥勒佛、观音菩萨、犀牛望月、唐僧取经、古城会、过五关斩六将等。题材广泛，寓意深刻，造型奇特。人物形象栩栩如生，惟妙惟肖，有较高的研究价值。

有第一城池美誉的襄阳城墙

襄阳古城墙位于汉江南岸，襄阳的中心。这里三面环水，一面靠山，是一座山清水秀，景色宜人的古城。

城西3.5千米处，万山北临汉水，南与顺安山相接，组成襄阳西部屏障。城南3.5千米处，则有岘山设险，组成南部屏障。城北则俯瞰汉水，与樊城夹江相望，互相联络声援。

襄阳依山傍水，互相联络，构成一个严密的防御体系。在襄阳城

池的外围，还有牛角堡和古城堡等众多的外围据点，有力的拱卫着襄阳城池，成为襄阳防御体系的第一道防线。

据史料记载，襄阳城墙始建于汉代，那时的城墙为夯土所砌，宋代开始使用城砖。南宋时期，襄阳地区硝烟四起，为了增强城墙的防御功能，又修建了瓮城、敌台、弩台等。

襄阳城墙在宋至元代时期发挥了重要的作用，在城池建设史上影响有一定影响。襄阳城墙自南宋时改为砖城，其东、南、西三面的护城河非常宽阔。汉水自东、北、西绕道南流，南部则是险峻的岘山山系。

其实，早在春秋战国时期，楚王问鼎中原之后，襄阳就成了楚国重要的军事关口北津戍。三国时期，荆州牧刘表将首府从江陵迁至襄阳。襄阳成为历代兵家必争之地，据史料记载，在襄阳发生的战争不下200次，很多战争的进程因为城墙而改变。

378年，前秦王苻坚为灭东晋独霸中原，命长子苻丕率领十几万大军，分四路围攻襄阳。襄阳守将朱序认为，襄阳城三面环水，一面依山，易守难攻，并且前秦的军队全是北方人，不善水战，不可能从汉水北岸的樊城渡江攻取襄阳，并不在意。

朱序的母亲韩夫人，早年跟随丈夫朱焘南征北战，行军布阵，样样精通。一天，韩夫人登城巡视，检查防御工事。她感到，敌人在东南面久攻不下，肯定会改变战术，避实就虚，从西北面进攻，而西北角一带防御薄弱，很容易被前秦军攻破。由于城中兵马不足，韩夫人便带领家婢和城中妇女修筑了高2丈、长20丈的内城。

果不其然，苻丕率兵直扑襄阳城西北角，韩夫人新建的内城成为东晋军坚守的屏障，最终保住了襄阳城。韩夫人巾帼不让须眉，筑城守护襄阳一方平安，后人为了纪念韩夫人，就将新修的这段城墙尊称为夫人城，并建亭、立碑和塑像。

襄阳北据汉沔，东连吴会，西通巴蜀。南宋抗金名将岳飞视襄阳

为"恢复中原之根本"。清代著名学者顾祖禹在其《读史方舆纪要》一书中对襄阳、武昌、荆州三个重镇在湖广形势中的不同地位曾作过一番分析比较，结论为：

> 以天下言之，则重在襄阳；以东南言之，则重在武昌；以湖广言之，则重在荆州……三郡相较，襄阳殆非武昌、荆州之比也。

宋孝宗时，襄阳增修城池：

> 楼橹、雉堞委皆壮观，止其中炮台、慢道稀少，缓急敌人并力攻城，缘道远，援兵难以策应。后又增筑炮台四座，慢道十一条。

便于城内军队迅速登城支援作战。从北宋的弩台发展到南宋的炮台，从一个侧面也反映了宋代城守战争中的火器发展与应用。

保存下来的城墙基本上是在明代建造的，外砌城砖，内用土夯筑。东、西、南、北城墙分别长2.2千米、1.6千米、1.4千米、2.4千米，城墙均高8.5米，宽5至15米。

共有6座城门，东门为"阳春"，南门为"文昌"，西门为"西成"，大北门为"拱宸"，小北门为"临汉"，东长门为"震华"，城门由明万历年间的知县万振孙题额。

除了6座城门之外，另有4座角楼，名为王粲楼、狮子楼、魁星落，其中三座角楼皆已颓圮，只在后来重建了王粲楼。

在襄阳城中心处有鼓楼，又称昭明台，于南街设有谯楼，城内建筑相互呼应，构成一个完备的古代城池功能整体。

1625年，知县董上治再题额：东门为"保厘东郊"，南门为"化行南国"，西门为"西土好音"，北门为"北门锁钥"。整体上依然保留着古代城市的基本格局和双层防御体系。

1628年，都御史赵兆麟和檄副史苏宗贵重修西门城楼，知府冀如锡重建南门城楼，同知徐腾茂、张仲重修大北门、小北门城楼，知县董上治重建东门城楼。雍正年间，副史赵宏恩重建仲宣楼于城东南角。到了光绪时期，因久经风雨，城垣多处坍塌，知县吴耀斗领修。

总体而言，襄阳古城墙主要具有三大特点，都和水有关。

一是北面有3座城门连着汉江，直接作为码头使用。正是因为有着便利的水运交通，襄阳成为明清时期重要的货物集散地。

二是有普天之下最宽的护城河。我国从北至南，到了襄阳，地表水骤然丰沛。而只善陆战不善水战的北方民族，在历次南侵过程中，兵临军事重镇的襄阳城下，往往会望水兴叹。

聪明的襄阳人逐步认识到水的城防功能，护城河在战争间隙一次又一次被拓宽和掘深。城高池深，成就了"铁打的襄阳"。

为了调节护城河的水位，开渠引檀溪水注入护城河，并且在渠

首设闸门，由于此闸在放水时有呼呼的响声，百姓称此闸为"响水闸"，南堤上响水洞村就是以此而得名的。

同时，过去的人们在城的东北建泄水闸一座，护城河水大或下暴雨时，开闸放水泄入襄江。通过这两个闸的启闭，控制护城河的水位，使它相对稳定，城东北"闸口"的称呼，就是因此而得名。

三是襄阳城墙的东、南、西三面城门外还建有子城。子城四周环水，并且与护城河水连成一体。子城与主城门之间靠吊桥通行，扼住了进城的咽喉要道。

后代史学家对襄阳的军事战略地位有这样的总结：

襄阳为楚北大郡……代为重镇，故典午之东迁，赵宋之

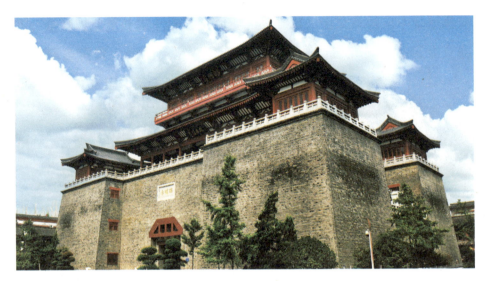

南渡，忠义之士，力争上游，必以襄阳为扼要；晋之平吴，元之伐宋，皆先取襄阳，为建瓴之势。

因城墙坚固，城高池深，易守难攻，素有"铁打的襄阳"和"华夏第一城池"的美誉。

知识点滴

在襄阳城东南角的城墙之上的仲宣楼是为了纪念东汉末年的著名"建安七子"之一、才华横溢的诗人王粲而建造的。

据说就是在这里，王粲写出了他的代表作《登楼赋》。他因怀才不遇，郁郁不得志，这反而使他的文学才华得到了极好的发挥。

仲宣楼为双层重檐歇山顶，分城墙、城台和主体楼几部分。楼高17米，总面积650平方米。悬挂沈鹏等名家题写的"仲宣楼"等8副匾联，楼内还有壁画石刻"建安七子图"。